Thich Nhat Hanh

Die Sonne, mein Herz

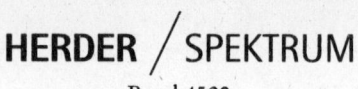

HERDER / SPEKTRUM

Band 4520

Das Buch

Weisheit ist ein lebendiger Strom, kein dunkler Tümpel. Thich Nhat Hanhs lebensnahe Texte und kurze Geschichten bringen solche Weisheit ans Sonnenlicht des Bewußtseins. Sie verbinden die Einsichten eines Meditierenden, seine Beobachtungen und seine Sprache mit den Erfahrungen unserer Zeit. Sie haben ein Leben in Achtsamkeit im Blick, das die Zusammenhänge zwischen kosmischer und individueller Wirklichkeit erspürt. Weil sie anregen zum Nachsinnen über die größere Einheit der Existenz, helfen sie, tieferen Sinn im schnellebigen Alltag zu erfassen. Thich Nhat Hanh ist nie abstrakt, er spricht in Bildern, er verwendet Gleichnisse. Und er erzählt in einer poetischen Sprache, die das Schöne im Unscheinbaren enthüllt und den Blick auf das Verschüttete und Übersehene lenkt. So weist er den Weg zur Quelle der Weisheit, die jedes Leben in sich birgt und die es zu entdecken gilt. Und Weisheit, so sagt er, ist ein lebendiger Strom, auf dem wir uns treiben und verändern lassen können. Ziel der Strömung ist menschliches Glück, ein Leben in Harmonie. Unsere Erfahrungen können einfließen in das, was uns ein Zen-Meister mitgibt auf die Reise zu uns selbst. So wird die Sehnsucht gestillt, die tiefe Kluft zwischen wissenschaftlichem Denken und Spiritualität zu überbrücken. Ein Buch, das Ermutigung und Kraft schenkt, um zur Einsicht darüber zu gelangen, wie Leben wirklich glücken kann.

Der Autor

Thich Nhat Hanh, vietnamesischer Mönch, Meditationslehrer und Zen-Meister, lebt in Frankreich und ist aktiv in der Friedensbewegung. Bei Herder/Spektrum: Zeiten der Achtsamkeit, Band 4492; Lächle deinem eigenen Herzen zu, Band 4370, in Vorbereitung: Schlüssel zum Zen, Band 4570.

Thich Nhat Hanh

Die Sonne, mein Herz

Wie Glück entsteht

Aus dem Amerikanischen von
Silvius Dornier und Pirmin Ragg

Herder
Freiburg · Basel · Wien

Titel der amerikanischen Ausgabe: The Sun my Heart
Parallax Press, Berkeley
© 1988 by Thich Nhat Hanh

Gedruckt auf umweltfreundlichem,
chlorfrei gebleichtem Papier

Alle Rechte vorbehalten – Printed in Germany
Lizenzausgabe mit freundlicher Genehmigung des Theseus Verlags
Verlag Herder Freiburg im Breisgau 1997
Herstellung: Freiburger Graphische Betriebe 1997
Umschlaggestaltung: Joseph Pölzelbauer
Umschlagmotiv © Image Bank
ISBN 3-451-04520-6

Inhalt

Einführung

Einführung

Meditierende haben seit Beginn der Zeiten gewusst, daß sie ihre eigenen Augen und die Sprache ihrer eigenen Zeit benützen müssen, um ihre Einsicht auszudrücken. Weisheit ist ein lebendiger Strom, nicht eine Ikone, die man in einem Museum aufbewahrt. Nur wenn ein Praktizierender die Quelle der Weisheit in seinem eigenen Leben findet, kann sie zu künftigen Generationen weiterströmen. Das Licht der Weisheit am leuchten zu halten ist die Aufgabe von uns allen die wissen, wie man einen Weg frei macht durch das Dickicht, damit man vorwärts gehen kann.

Unsere Einsicht und unsere Sprache sind untrennbar verbunden mit der Zeit, in der wir leben. Während vieler Jahre ist der Osten dem Westen nachgefolgt auf dem Weg der technologischen und materiellen Entwicklung bis zu dem Punkt der Aufgabe der eigenen spirituellen Werte. In unserer Welt ist die Technologie die treibende Kraft hinter Wirtschaft und Politik, aber diejenigen, die an vorderster Front der Wissenschaft stehen, haben begonnen etwas ähnliches zu sehen, was die spirituellen Wissenszweige des Ostens vor langer Zeit entdeckt hatten.

Wenn wir unsere Zeit überleben können, dann wird der Graben, der Wissenschaft und Spiritualität trennt, sich schließen und Ost und West auf dem Weg zur Entdeckung echten Geistes einander treffen. Diejenigen, bei denen die Samen dieses wichtigen Unterfangens schon ausgesät wurden, können schon jetzt beginnen, auf diese Konvergenz hinzuarbeiten, indem sie ihr eigenes tägliches Leben dazu in Achtsamkeit benützen.

Dieses kleine Buch ist geschrieben worden nicht etwa, um irgend ein Wissen des Autors vorzuweisen. (Tatsächlich gibt es für ihn nicht viel um sich zu brüsten). Es möchte mehr ein Freund, als ein Buch sein. Du kannst es mit dir nehmen auf den Bus oder in die U-Bahn, so, wie du einen Mantel oder ein Halstuch mitnimmst. Es kann dir zu allen Zeiten kleine Augenblicke der Freude vermitteln.

Vielleicht möchtest du nur ein paar Zeilen lesen und dann das Buch schließen und es wieder in die Tasche stecken, um irgendwann später einige andere Zeilen zu lesen. Wenn du zu einem Abschnitt kommst, der schwierig oder kompliziert ist, dann geh einfach darüber hinweg und versuche dich an dem nächsten. Du kannst später darauf zurückkommen und dann wirst du möglicherweise merken, daß er gar nicht so schwierig war. Kapitel 5, das letzte, ist zum Beispiel ganz unterhaltsam zu lesen. Wenn du magst, kannst du dort anfangen.

Bitte verlasse dich, um dieses Buch zu verstehen, auf deine eigene Erfahrung. Lass dich nicht von irgendwelchen Wörtern oder Ideen einschüchtern. Nur, wenn Du gewissermaßen selbst zum Autor des Textes wirst, wirst du die nötige Freude und Kraft finden, um von Achtsamkeit zu Einsicht zu gelangen.

1. Kapitel

Sonnenschein und grüne Blätter

Than Thuy's Apfelsaft

Heute kamen drei Kinder aus dem Dorf, zwei Mädchen und ein kleiner Junge, um mit Thanh Thuy zu spielen. Die vier liefen weg, um am Hang hinter unserem Haus zu spielen. Nach etwa einer Stunde standen sie wieder da, sie hatten Durst. Ich nahm die letzte Flasche vom selbstgemachten Apfelsaft und gab jedem von ihnen ein volles Glas, wobei ich Thuy zuletzt bediente. Da ihr Saft vom Grund der Flasche kam, enthielt er etwas vom Fruchtfleisch. Als sie die Teilchen entdeckte, verzog sie das Gesicht und weigerte sich zu trinken. So gingen die vier Kinder zu ihren Spielen zurück auf den Hügel, ohne daß Thuy etwas getrunken hatte.

Eine halbe Stunde später, als ich in meinem Zimmer meditierte, hörte ich sie rufen. Thuy versuchte selbst, ein Glas kalten Wassers zu holen, aber selbst auf den Fußspitzen stehend konnte sie den Wasserhahn nicht erreichen. Ich erinnerte sie an das Glas mit dem Apfelsaft auf dem Tisch und bat sie, diesen zuerst zu trinken. Als sie sich danach umwandte, sah sie, daß das Fruchtfleisch sich gesetzt hatte und der Saft klar und wunderbar aussah. Sie ging zum Tisch und nahm das Glas mit beiden Händen. Nachdem sie die Hälfte davon getrunken hatte, setzte sie es nieder und fragte: „Ist dies ein anderes Glas, Onkel Mönch?" (ein üblicher Ausdruck vietnamesischer Kinder, wenn sie einen älteren Mönch anreden) „Nein", antwortete ich, „es ist das gleiche wie vorher. Es saß für eine Weile still, und nun ist es klar und köstlich". Thuy blickte wieder auf das Glas. „Es ist wirklich gut. Hat es meditiert wie du, Onkel Mönch?" Ich lachte und streichelte ihren Kopf. „Sagen wir, daß ich, wenn ich sitze, den Apfelsaft imitiere; das kommt der Wahrheit näher."

Jede Nacht zur Schlafenszeit von Thuy sitze ich in Meditation. Sie darf im gleichen Raum schlafen, in der Nähe, wo ich sitze. Wir haben ausgemacht, daß sie, während ich sitze, ohne zu sprechen zu Bett geht. In der friedlichen Atmosphäre gelangt sie schnell zur Ruhe, und meistens schläft sie schon nach fünf oder zehn Minuten. Wenn ich aufhöre zu sitzen, decke ich sie mit meiner Wolldecke zu.

Thanh Thuy ist ein Kind der „boat people". Sie ist noch nicht 4 1/2 Jahre alt. Sie überquerte das Meer mit ihrem Vater und kam in Malaysia im April letzten Jahres an. Ihre Mutter blieb in Vietnam. Als ihr Vater hier in Frankreich ankam, ließ er Thuy für einige Monate bei uns, während er nach Paris ging, um nach einer Arbeitsstelle zu suchen. Ich lehrte sie das vietnamesische Alphabet und einige bekannte Volkslieder unseres Landes. Sie ist sehr intelligent, und nach zwei Wochen war sie schon in der Lage, „Das Königreich der Verrückten" von Leo Tolstoi, das ich aus dem Französischen ins Vietnamesische übersetzt hatte, zu entziffern und langsam zu lesen.

Jede Nacht sieht mich Thanh Thuy sitzen. Ich sagte ihr, daß ich „in Meditation sitze", ohne zu erklären, was es bedeutet oder warum ich es tue. Jede Nacht, wenn sie sieht, wie ich mein Gesicht wasche, meine Gewänder anziehe und ein Räucherstäbchen anzünde, um den Raum wohlriechend zu machen, weiß sie, daß ich gleich beginnen werde „zu meditieren". Sie weiß auch, daß es für sie Zeit ist, ihre Zähne zu putzen, das Pyjama anzuziehen und leise ins Bett zu gehen. Es war nie nötig, sie daran zu erinnern.

Ohne Zweifel dachte Thuy, daß der Apfelsaft eine Weile saß, um sich selbst zu klären, gerade wie ihr Onkel Mönch. „Meditierte er wie du?" Ich denke, daß Thanh Thuy mit noch nicht 4 1/2 Jahren die Bedeutung von Meditation ohne jede Erklärung versteht. Der Apfelsaft wurde klar, nachdem er eine Weile geruht hatte. In gleicher Weise werden auch wir, wenn wir eine Weile in Meditation ruhen, klar. Diese Klarheit erfrischt uns und gibt uns Stärke und Gelassenheit. In dem Maß, wie wir uns selbst erfrischt fühlen, wird auch unsere Umgebung erfrischt. Kinder lieben es, uns nahe zu sein, nicht einfach, um Süßigkeiten zu bekommen und Geschichten zu hören. Sie lieben es, uns nahe zu sein, weil sie diese „Frische" fühlen können.

Heute Nacht ist ein Gast gekommen. Ich fülle ein Glas mit dem Rest des Apfelsaftes und stelle es auf den Tisch, der in der Mitte des Meditationsraumes steht. Thuy schläft schon tief, und ich lade meinen Freund ein, ganz still zu sitzen, gerade wie der Apfelsaft.

Wir sitzen etwa 40 Minuten. Ich sehe, wie mein Freund lächelt, als er zum Saft schaut. Er ist ganz klar geworden. „Und du, mein Freund, bist du es auch? Selbst, wenn du dich nicht so gründlich gesetzt hast, wie der Apfelsaft, fühlst du dich nicht etwas weniger aufgeregt, weniger unruhig, weniger durcheinander? Das Lächeln auf deinen Lippen ist noch nicht vergangen , aber ich denke, du zweifelst, ob du ebenso klar werden könntest wie der Apfelsaft, selbst wenn wir fortfahren würden, stundenlang zu sitzen.

Das Glas mit Saft hat eine sehr stabile Grundlage. Aber du, dein Sitzen, ist nicht so sicher. Diese kleinen Stückchen Fruchtfleisch müssen nur den Naturgesetzen folgen, um sanft auf den Grund des Glases zu sinken. Aber deine Gedanken gehorchen keinen solchen Gesetzen. Im Gegenteil, sie schwirren fieberhaft, wie ein Schwarm Bienen und deshalb denkst du, du könntest nicht wie der Apfelsaft zur Ruhe kommen.

Du sagst mir, daß Menschen, Lebewesen mit der Fähigkeit zu denken und zu fühlen, nicht mit einem Glas Saft verglichen werden können. Ich stimme dem zu, aber ich weiß auch, daß wir das tun können, was der Apfelsaft macht und mehr. Wir können in Frieden leben, nicht nur, wenn wir sitzen, sondern auch während wir gehen und arbeiten.

Vielleicht glaubst du mir nicht, weil 40 Minuten vorbeigegangen sind und du es so sehr versucht hast und doch nicht fähig warst, den Frieden zu erreichen, den du erhofft hattest. Thuy schläft friedlich. Ihr Atmen ist leicht. Warum zünden wir nicht eine andere Kerze an, bevor wir mit unserer Unterhaltung fortfahren?"

Die kleine Thuy schläft auf diese Weise ohne Anstrengung. Du kennst diese Nächte, wenn der Schlaf dir ausweicht, und je angestrengter du zu schlafen versuchst, desto weniger gelingt es dir. Du versuchst, dich dazu zu zwingen, friedlich zu sein, und du fühlst den Widerstand in deinem Innern. Die selbe Art von Widerstand fühlen viele Menschen bei ihren ersten Erfahrungen mit Meditation. Je mehr sie versuchen, sich zu beruhigen, desto unruhiger werden sie. Die Vietnamesen meinen, daß dies so ist, weil sie Gefangene von Dämonen oder schlechtes Karmas sind, aber tatsächlich ist dieser Widerstand entstanden gerade aus unserer Anstrengung, friedlich zu sein. Die Anstrengung selbst wird belastend. Unsere Gedanken und Gefühle fließen wie ein Strom. Wenn wir versuchen, das Fließen eines Stromes anzuhalten, wird uns der Widerstand des Wassers begegnen. Es ist besser, mit ihm zu fließen, und dann mag es uns gelingen ihn auf gewünschte Wege zu leiten. Wir dürfen nicht versuchen, ihn anzuhalten.

Denk daran, daß der Fluß fließen muß, und daß wir ihm zu folgen haben. Wir müssen jedes kleinen Gewässers gewahr sein, das sich ihm verbindet. Wir müssen uns bewußt sein aller Gedanken, Gefühle und Empfindungen, die in uns hochsteigen - ihres Entstehens, Andauerns und Vergehens. Siehst du? Jetzt beginnt der Widerstand zu verschwinden. Der Strom der Wahrnehmungen fließt immer noch, aber nicht mehr in der Dunkelheit. Er fließt jetzt in dem Sonnenlicht des Bewußtseins. Die Praxis der Meditation ist, diese Sonne immer in uns leuchten zu lassen, jedes Flüßchen zu erleuchten, jeden Kieselstein, jede Krümmung des Flusses. Meditation zu praktizieren ist, vor allem, diese Details zu beobachten und ihnen zu folgen.

Im Augenblick der Achtsamkeit fühlen wir, daß wir Kontrolle haben, obwohl der Fluß immer noch da ist, immer noch fließt. Wir fühlen uns in Frieden, aber dies ist nicht der Friede des Apfelsaftes. In Frieden sein bedeutet nicht, daß unsere Gedanken und Gefühle gefroren sind. In Frieden sein ist nicht dasselbe wie betäubt sein. Ein friedvoller Geist bedeutet nicht einen Geist, der leer ist von Gedanken, Empfindungen und Gefühlen. Ein friedvoller Geist ist nicht ein abwesender Geist. Es ist klar, daß Gedanken und Gefühle allein nicht das Ganze unseres Seins einschließen. Wut, Haß, Scham, Glauben, Zweifel, Ungeduld, Ekel, Begierde, Elend und Qual sind auch Geist. Hoffnung, Unterdrückung, Intuition, Instinkt, unterbewußter und unbewußter Geist sind gleichermaßen Teil des Selbst. Vijñanavada Buddhismus behandelt ausführlich die acht Haupt- und 51 untergeordneten geistigen Bedingungen. Wenn du Zeit hast, kannst du diese Schriften ansehen. Sie enthalten alle psychologischen Phänomene".

Sonnenschein und grüne Blätter

Zu Beginn nehmen Meditierende gewöhnlich an, sie hätten alle Gedanken und Gefühle (oft „falscher Geist" genannt) zu unterdrücken, um Bedingungen zu schaffen, die für Konzentration und Verständnis (genannt „richtiger Geist") günstig sind. Sie benützen dabei Methoden wie, ihre Aufmerksamkeit auf ein Objekt einzustellen oder ihre Atemzüge zu zählen, um Gedanken und Gefühle auszuschließen. Sich auf ein Objekt zu konzentrieren und den Atem zu zählen, das sind ausgezeichnete Methoden, aber sie sollten nicht benützt werden, um zu unterdrücken oder zu verdrängen. Wir wissen, sobald es Unterdrückung gibt, gibt es Rebellion

- Unterdrückung zieht Rebellion nach sich. Echter Geist und falscher Geist sind eins. Den einen verleugnen heißt, den anderen verleugnen. Unser Geist ist unser Selbst. Wir können ihn nicht unterdrücken. Wir müssen ihn mit Respekt, mit Sanftmut und absolut ohne Gewalt behandeln. Nachdem wir nicht einmal wissen, was unser „Selbst" ist, wie können wir dann wissen, ob es echt oder falsch ist, und ob oder was wir unterdrücken sollen? Das Einzige, was wir tun können, ist, das Sonnenlicht der Bewußtheit auf unser „Selbst" scheinen zu lassen und es zu erleuchten, so daß wir es direkt sehen können.

So, wie Blumen und Blätter nur Teile einer Pflanze sind, und so, wie Wellen nur ein Teil des Meeres sind, sind Wahrnehmungen, Gefühle und Gedanken nur Teile des Selbst. Blüten und Blätter sind natürliche Manifestationen von Pflanzen, und Wellen sind natürliche Ausdrucksformen von Meere. Es ist sinnlos zu versuchen, sie zu verdrängen oder zu unterdrücken. Es ist unmöglich. Wir können sie nur beobachten. Weil sie existieren, können wir ihren Ursprung finden, der genau derselbe ist, wie unser eigener.

Die Sonne des Bewußtseins entsteht im Herzen des Selbst. Es ermöglicht dem Selbst, das Selbst zu erleuchten. Es erleuchtet nicht nur alle Gedanken und Gefühle, die da sind. Es erleuchtet auch sich selbst.

Kehren wir zurück zum Apfelsaft, wie er still „ruht". Der Strom unserer Wahrnehmungen fährt fort zu fließen, aber jetzt, im Sonnenlicht des Bewußtseins, fließt er friedlich, und wir sind froh und gelassen. Die Beziehung zwischen dem Fluß von Wahrnehmungen und der Sonne des Bewußtseins ist nicht die gleiche wie die zwischen einem wirklichen Fluß und der wirklichen Sonne. Ob es Mitternacht oder Mittag ist, ob die Sonne weg ist, oder ihre durchdringenden Strahlen herunterscheinen - die Wasser des Missisippi-Stromes fahren fort, zu fließen, mehr oder weniger unverändert. Aber wenn die Sonne des Bewußtseins auf den Fluß unserer Wahrnehmungen scheint, ist der Geist verwandelt. Beide, Fluß und Sonne, sind von gleichem Wesen.

Laßt uns die Beziehung zwischen der Farbe von Blättern und dem Sonnenlicht betrachten, die auch beide von gleichem Wesen sind. Bei Mitternacht läßt das Licht der Sterne und des Mondes nur die Form der Bäume und Blätter erkennen. Aber wenn die Sonne plötzlich scheinen würde, würde sofort die grüne Farbe der Blätter erscheinen. Das zarte Grün der Blätter im April existiert, weil das Sonnenlicht existiert. Eines Tages, als ich in einem Wald sitzend das *Prajña Paramita Herz Sutra nachahmte, schrieb ich:*

Sonnenschein ist grüne Blätter
Grüne Blätter sind Sonnenschein
Sonnenschein ist nicht verschieden
von grünen Blättern
Grüne Blätter sind nicht verschieden
von Sonnenschein
Das gleiche gilt für alle Formen und Farben. (1)

Sobald die Sonne des Gewahrseins scheint, im selben Augenblick, geschieht eine große Veränderung. Meditation läßt ganz leicht die Sonne des Gewahrseins aufgehen, sodaß wir deutlicher sehen können. Wenn wir meditieren, scheinen wir zwei Selbst zu haben. Das eine ist der fließende Fluß der Gedanken und Gefühle, und das andere ist die Sonne des Gewahrseins, die darauf scheint. Welches ist unser eigenes Selbst? Welches ist echt? Welches falsch? Welches ist gut? Welches schlecht? Beruhige dich, mein Freund. Lege dein scharfes Schwert begrifflichen , vorstellungsbehafteten Denkens nieder.

Sei nicht so eilig, dein „Selbst" entzweizuschneiden. Beide sind Selbst. Keiner von beiden ist echt. Keiner von beiden ist falsch. Beide sind sie echt und falsch.

Wir wissen, daß Licht und Farbe keine getrennten Erscheinungen sind. In gleicher Weise sind die Sonne des Selbst und der Fluß des Selbst nicht verschieden. Sitze mit mir, laß ein Lächeln auf deinen Lippen sich bilden, laß deine Sonne scheinen, schließe deine Augen, wenn es nötig sein sollte, um dein Selbst deutlicher zu sehen. Deine Sonne des Gewahrseins ist nur ein Teil deines Flußes des Selbst, nicht wahr? Es gehorcht denselben Gesetzen, wie alle psychologischen Phänomene: es entsteht und vergeht. Um etwas unter dem Mikroskop zu untersuchen, muß der Wissenschaftler Licht auf das Objekt, das untersucht wird, scheinen lassen. Um das Selbst zu beobachten, mußt du auch Licht darauf scheinen lassen, das Licht des Gewahrseins.

Eben habe ich dir gesagt, daß du dein Schwert der Vorstellungsbildungen niederlegen sollst und nicht dein Selbst in Teile zerschneiden sollst. Tatsächlich kannst du es auch gar nicht, selbst wenn du es wolltest. Meinst du, du könntest den Sonnenschein von der grünen Farbe der Blätter trennen? Ebensowenig kannst du das beobachtende Selbst trennen von dem beobachteten Selbst. Wenn die Sonne des Gewahrseins scheint, ist das Wesen der Gedanken und Gefühle verwandelt. Es ist eins mit dem beobachtenden Geist, aber sie bleiben verschieden, so, wie das Grün der Blätter und der Sonnenschein. Dränge nicht von der Idee von „zwei" zu der Vorstellung von „eins". Diese immer gegenwärtige Sonne des Gewahrseins ist zur gleichen Zeit ihr eigenes Objekt. Wenn eine Lampe angeschaltet wird, wird die Lampe selbst auch ins Licht gebracht. „Ich weiß, daß ich weiß". „Ich bin mir bewußt, daß ich bewußt bin". Wenn du denkst: „die Sonne des Gewahrseins ist bei mir ausgegangen", so erleuchtet sie sich zu diesem Zeitpunkt erneut, schneller als mit Lichtgeschwindigkeit.

Finsternis wird Licht

Beobachte die Veränderungen, die unter dem Licht des Gewahrseins in deinem Geist geschehen. Sogar dein Atmen hat sich verändert und ist „nicht zwei" (ich möchte nicht sagen „eins") mit deinem beobachtenden Selbst geworden. Dies gilt auch für deine Gedanken und Gefühle, die, zusammen mit ihren Nachwirkungen, plötzlich verwandelt sind. Wenn du nicht versuchst, zu urteilen oder sie zu unterdrücken, werden sie mit dem beobachtenden Geist verflochten. Von Zeit zu Zeit kann es sein, daß du ruhelos wirst, und diese Ruhelosigkeit will nicht verschwinden. Setze dich zu solchen Zeiten einfach ruhig hin , beobachte deinen Atem, lächle ein Halblächeln und lasse dein Gewahrsein über deiner Ruhelosigkeit leuchten. Verurteile sie nicht oder versuche nicht, sie zu zerstören, denn diese Ruhelosigkeit bist du selbst. Sie ist geboren, hat eine gewisse Dauer der Existenz, und vergeht wieder ganz natürlich. Sei nicht zu ungeduldig, ihren Ursprung zu finden. Versuche nicht zu angestrengt, sie zum Verschwinden zu bringen. Erhelle sie einfach. Dann wirst du sehen, daß sie nach und nach sich verändert, übergeht, sich verbindet mit dir, dem Beobachter. Jeder psychologische Zustand, den du dieser Erhellung aussetzt, wird schließlich nachgeben und das gleiche Wesen annehmen wie der beobachtende Geist.

Laß während deiner ganzen Meditation die Sonne deines Gewahrseins leuchten. Wie die physikalische Sonne, die jedes Blatt und jeden Grashalm erleuchtet, erleuchtet unser Gewahrsein jeden Gedanken und jedes Gefühl, erlaubt uns, sie zu erkennen, ihrer Geburt, ihrer Dauer und ihres Verschwindens bewußt zu sein, ohne zu urteilen oder zu bewerten, ohne freudig zu begrüßen oder zu verscheuchen.

Es ist wichtig, daß du Gewahrsein nicht als deinen Verbündeten ansiehst, den man zu Hilfe ruft, um die „Feinde", die deine undisziplinierten Gedanken sind, zu unterdrücken. Mache deinen Geist nicht zu einem Kampffeld. Führe dort keinen Krieg; Denn *alle* deine Gefühle, Freude, Leid, Ärger, Haß - sind Teile von dir selbst. Gewahrsein ist wie ein älterer Bruder oder eine ältere Schwester, sanft und aufmerksam, dazu da, zu führen und zu erleuchten. Es ist eine duldsame und scharfsichtige Gegenwart, niemals gewaltsam oder Unterschiede machend. Es besteht, um zu erkennen und Gedanken und Gefühle zu identifizieren - nicht um sie als gut oder schlecht zu beurteilen oder um sie in widerstreitende Lager einzuordnen, damit sie sich gegenseitig bekämpfen können. Der Gegensatz von Gut und Böse wird oft verglichen mit Licht und Dunkelheit, aber wenn wir es auf eine andere Weise ansehen, erkennen wir, daß, wenn Licht scheint, die Dunkelheit nicht verschwindet. Sie geht nicht fort; sie verbindet sich mit dem Licht. Sie wird Licht.

Vor einer Weile bat ich meinen Gast zu lächeln. Zu meditieren bedeutet nicht, mit einem Problem zu kämpfen. Meditieren bedeutet beobachten. Dein Lächeln zeigt es. Es zeigt, daß du mit dir selbst geduldig und sanft bist, daß die Sonne des Gewahrseins in dir leuchtet, daß du deine Situation unter Kontrolle hast. Du bist du selbst, und du hast einen gewissen Frieden erworben. Dieser Friede ist es, der es macht, daß ein Kind gerne in deiner Nähe ist.

Zum Zuknöpfen deiner Jacke ein Gedicht

Wir können besser sein, als ein Glas Apfelsaft. Nicht nur, daß wir, während wir sitzen, friedlich zur Ruhe kommen können; wir können dies auch während wir stehen, liegen, gehen oder arbeiten. Was hält dich davon ab, der Sonne des Gewahrseins zu erlauben zu scheinen, während du einen Spaziergang machst, eine Tasse Tee oder Kaffee zubereitest oder deine Sachen wäschst? Als ich zum ersten mal Student in dem Tu Hieu Kloster wurde, lernte ich während aller Aktivitäten mein Gewahrsein aufrechtzuerhalten - beim Unkraut jäten, beim Zusammenrechen der Blätter um dem Brunnen, beim Abwaschen des Geschirrs in der Küche. Ich übte Achtsamkeit in der Art, wie es der Zen-Meister Doc The in seinem kleinen Handbuch „Essentials of the Practice to Apply Each Day" (Das Wesentliche der Praxis für jeden Tag) lehrte. Nach diesem kleinen Buch müssen wir uns aller unserer Handlungen voll bewußt sein. Während wir aufwachen, wissen wir, daß wir aufwachen; während wir unsere Jacke zuknöpfen, wissen wir, daß wir unsere Jacke zuknöpfen; während wir unsere Hände waschen wissen wir, daß wir unsere Hände waschen. Meister Doc The verfasste für uns kurze Gedichte zum Aufsagen, während wir unsere Hände reinigten oder unsere Jacke zuknöpften, um uns zu helfen fest in Achtsamkeit verwurzelt zu bleiben. Hier ist das Gedicht, das er für uns schrieb zum Aufsagen während des Zuknöpfens der Jacke:

> Während ich meine Jacke zuknöpfe
> Hoffe ich, daß alle Wesen
> Ihre Herzen warm halten
> Und sich nicht vernachlässigen.

Mit Hilfe derartiger Gedichte ist es unserer Sonne des Gewahrseins leicht, ihr Licht auszustrahlen auf unsere physischen Tätigkeiten, ebenso, wie auf unsere Gedanken und Gefühle. Als ich ein Kind war, hörte ich oft, wie meine Mutter meiner älteren Schwester sagte, daß ein Mädchen ständig auf jede Bewegung achten müsse. Ich war froh, ein Junge zu sein, der nicht ebenso achtsam zu sein hatte. Erst als ich anfing, Meditation zu praktizieren, realisierte ich, daß ich auf meine Bewegungen tausendmal mehr acht zu geben hatte als meine Schwester. Und nicht nur auf meine Bewegungen, sondern auch auf meine Gedanken und Gefühle! Wie alle Mütter wußte meine Mutter, daß ein Mädchen, das auf seine Bewegungen achtet, schöner wird. Seine Bewegungen sind dann nicht verkrampft, hastig oder ungeschickt; sie werden sanft, ruhig und anmutig. Ohne es zu wissen, leitete meine Mutter meine Schwester zur Meditation an.

In gleicher Weise wird derjenige, der Gewahrsein praktiziert, schön. Ein Zen-Meister, der beobachtet, wie ein Schüler die Glocke läutet, den Hof kehrt, oder den Tisch deckt, kann erraten, wie reif ein Schüler ist, kann die erreichte „Stufe von Meditation" in seiner oder ihrer Verhaltensweise und Persönlichkeit abschätzen. Diese „Stufe" ist die Frucht der Praxis von Achtsamkeit, und der Meister nennt das „den Duft des Zen".

Das Geheimnis der Meditation ist, sich jeder Sekunde seiner Existenz bewußt zu sein und die Sonne des Gewahrseins ständig scheinen zu lassen - sowohl in den physischen, wie in den psychologischen Bereichen - unter allen Umständen und auf alle Dinge, die in Erscheinung treten. Während wir eine Tasse Tee trinken, muß unser Geist voll gegenwärtig sein bei dem Akt des Teetrinkens. Tee oder Kaffee trinken kann eines unserer täglichen Vergnügen sein, wenn wir voll daran Anteil nehmen. Wieviel Zeit nimmst du dir für eine Tasse Tee? In Kaffeehäusern in New York oder Tokyo kommen die Leute herein, bestellen ihren Kaffee, stürzen ihn herunter, zahlen und eilen fort, um etwas anderes zu tun. Dazu braucht man höchstens ein paar Minuten. Oft spielt dann noch eine laute Musik, und deine Ohren hören die Musik, deine Augen beobachten, wie die anderen ihren Kaffee hinunterschlucken, und dein Geist denkt dabei, was als nächstes zu tun ist. Das kann man tatsächlich nicht als Kaffeetrinken bezeichnen.

Hast du je an einer Tee-Zeremonie teilgenommen? Es kann gut zwei oder drei Stunden dauern, nur zusammenzusitzen und eine oder zwei Tassen Tee zu trinken. Die Zeit wird nicht mit Sprechen zugebracht - nur mit Zusammensein und Teetrinken. Vielleicht meinst du, dies sei unverantwortlich, weil die Beteiligten sich nicht über die Weltsituation aufregen, aber du mußt zugeben, daß die Leute, die auf diese Weise ihre Zeit verbringen, wissen, wie man Tee trinkt und das Vergnügen kennen, mit einem Freund Tee zu trinken.

Einer Tasse Tee zwei Stunden zu widmen ist, wie ich zugebe, etwas übertrieben. Es gibt viele andere Dinge zu tun: im Garten arbeiten, waschen, Geschirr abspülen, Bücher binden, schreiben. Vielleicht sind diese anderen Arbeiten weniger angenehm, als Tee zu trinken oder in den Bergen zu wandern, aber wenn wir sie mit vollem Gewahrsein machen, werden wir sie ganz liebenswert finden. Selbst das Geschirr nach einem guten Essen abzuspülen, kann ein Vergnügen sein.

Einen neugeborenen Buddha baden

Die Vorstellung, daß Abspülen etwas Unangenehmes ist, kann nach meiner Ansicht nur entstehen, solange du es nicht machst. Wenn du einmal vor der Spüle stehst mit heraufgekrempelten Ärmeln und deinen Händen im warmen Wasser, ist es tatsächlich nicht so schlimm. Ich habe Freude daran, mir für jedes Geschirr Zeit zu lassen, in vollem Bewußtsein des Geschirrs, des Wassers und jeder Bewegung meiner Hände. Ich weiß daß, wenn ich hetze, um gehen zu können, um eine Tasse Tee zu nehmen, die Zeit unangenehm sein wird und nicht lebenswert. Das wäre schade, denn jede Minute, jede Sekunde des Lebens ist ein Wunder. Das Geschirr selbst und die Tatsache, daß ich hier bin und es abwasche, sind Wunder! Ich schrieb darüber in „The Miracle of Mindfulness" (Das Wunder der Achtsamkeit). Jede Schüssel, die ich abwasche, jedes Gedicht, das ich abfasse, jede Zeit, in der ich eine Glocke zu läuten einlade, ist ein Wunder und jedes hat genau den gleichen Wert. Eines Tages, beim Abwaschen einer Schüssel fühlte ich, daß meine Bewegungen ebenso heilig und ehrerbietig waren, wie das Baden eines neugeborenen Buddhas. Wenn er das lesen würde, würde dieser neugeborene Buddha sicher sich meiner freuen und ganz und gar nicht wegen des Vergleichs mit einer Schüssel beleidigt sein.

Im Sonnenlicht des Gewahrseins wird jeder Gedanke, jede Handlung heilig. In diesem Licht gibt es keine Grenze zwischen dem Heiligen und dem Profanen, Weltlichen. Ich muß zugeben, daß ich etwas länger brauche, um abzuspülen, aber ich lebe ganz in jedem Augenblick und ich bin glücklich. Das Geschirr abspülen ist ein Mittel und Zweck zugleich - das bedeutet, wir spülen nicht nur ab, um sauberes Geschirr zu haben, wir spülen auch ab, einfach um abzuspülen, um in jedem Augenblick, in dem wir abwaschen, voll zu leben. Wenn ich unfähig bin, Geschirr fröhlich abzuwaschen, wenn ich es schnell erledigt haben möchte, um eine Tasse Tee zu trinken, dann werde ich auch gleichermaßen unfähig sein, den Tee fröhlich zu trinken. Mit der Tasse in meinen Händen werde ich darüber nachdenken, was als Nächstes zu tun ist, und der Duft und das Aroma des Tees, zusammen mit dem Genuß des Trinkens wird verloren sein. So werde ich immer in die Zukunft gezerrt sein und nie fähig, im gegenwärtigen Augenblick zu leben.

Während der Arbeit Gewahrsein hegen

Unsere Arbeit, mit der wir „unser tägliches Brot verdienen", kann in gleicher Weise getan werden, wie das Abwaschen. In meiner Gemeinschaft binde ich Bücher. Unter Verwendung einer Zahnbürste, eines kleinen Rades und eines sehr schweren, feuerfesten Ziegelsteines (etwa 4 oder 5 Pfund schwer) kann ich im Tage 200

Bücher binden. Vor dem Binden sammle ich alle Buchseiten und ordne sie in der rechten Seitenfolge auf einem langen Tisch. Dann gehe ich um den Tisch, und wenn ich ganz um ihn herumgegangen bin, dann weiß ich, daß ich die richtige Anzahl Seiten für eine Bogenbezeichnung habe. Wenn ich um den Tisch gehe, weiß ich, daß ich nicht irgendwohin gehe - deshalb gehe ich langsam, ordne jede Seite, gewahr jeder Bewegung, atme leicht, gewahr jeden Atemzuges. Ich lebe in Frieden, während ich die Seiten zusammenstelle, sie leime und den Umschlag auf dem Buch anbringe. Ich weiß, daß ich nicht so viele Bücher in einem Tag herstellen kann, wie ein gelernter Buchbinder oder eine Maschine, aber ich weiß auch, daß ich meine Arbeit nicht hasse.

Wenn du viel Geld ausgeben willst, mußt du hart und schnell arbeiten, aber wenn du einfach lebst, kannst du geduldig und in vollem Gewahrsein arbeiten. Ich kenne viele junge Leute, die es vorziehen, weniger zu arbeiten, vielleicht im Tag vier Stunden, um ein bescheidenes Auskommen zu verdienen, damit sie anspruchslos und glücklich leben können. Dies könnte eine Lösung sein für die Probleme unserer Gesellschaft - die Produktion von sinnlosen Waren zu verringern, die Arbeit mit denen zu teilen, die keine haben, und anspruchslos und glücklich zu leben. Manche Personen und Gemeinschaften haben es schon unter Beweis gestellt, daß es möglich ist. Dies ist ein vielversprechendes Zeichen für die Zukunft, nicht wahr?

Du magst fragen wie du Gewahrsein hegen kannst beim Geschirr abspülen, beim Buchbinden oder beim Arbeiten in einer Fabrik oder einem Büro. Ich glaube, du mußt deine eigene Antwort darauf finden. Mach, was du kannst, um das Licht des Gewahrseins in deinem Inneren am Leuchten zu halten. Du wirst Wege entdekken, die für dich geeignet sind, oder du kannst einige der

Verfahren versuchen, die andere benützt haben - wie kleine Gedichte des Zen-Meisters Doc The aufzusagen, oder dich auf deinen Atem zu konzentrieren. Du kannst bei jedem Einatmen und Ausatmen dein Gewahrsein aufrechterhalten, bei jeder Bewegung deiner Lungen. Wenn ein Gedanke oder Gefühl aufsteigt, erlaube ihm mit deinem Atem ungezwungen zu fließen. Es mag dir helfen, wenn du leicht atmest und ein wenig langsamer als üblich, als Gedächtnisstütze, daß du deinem Atmen folgst.

Das wertvolle Lächeln

Während du deinem Atem folgst, ist es dir für eine Zeitdauer möglich gewesen, voll bewußt zu bleiben. Ein wenig ist es dir schon gelungen, nicht wahr? Warum dann nicht lächeln? Ein winziges Anfangsstadium eines Lächelns, einfach zum Beweis, daß es dir gelungen ist. Wenn ich dich lächeln sehe, dann weiß ich sofort, daß du in Gewahrsein verweilst. Bewahre immer dieses blühende Lächeln , das Halblächeln eines Buddha.

Dieses winzige angehende Lächeln, wieviele Künstler haben daran gearbeitet, es auf die Lippen unzähliger Buddha-Statuen zu bringen? Vielleicht hast du es auf den Gesichtszügen in Angkor Wat in Kampuchea gesehen, oder auf denen von Gandhara im Nordwesten von Indien. Ich bin sicher, daß das gleiche Lächeln auf den Gesichtern der Bildhauer war, als sie daran arbeiteten. Kannst du dir einen ärgerlichen Bildhauer vorstellen, der einem solchen Lächeln zum Leben verhilft? Sicher nicht! Ich kenne den Bildhauer, der die „Parinirvana" Statue auf dem Berg Tra Cu in Vietnam schuf. Während der sechs Monate, die er benötigte, um diese Statue zu schaffen, lebte er vegetarisch, praktizierte Meditation im Sitzen und studierte Sutren. Auch Mona Lisas Lächeln ist leicht, gerade nur eine Andeutung eines Lächelns. Ein derartiges Lächeln ist allein schon ausreichend, um alle Muskeln in Deinem Gesicht zu entspannen, alle Sorgen und Müdigkeit zu verbannen. Eine winzige Knospe eines Lächelns auf deinen Lippen nährt Gewahrsein und beruhigt dich in wunderbarer Weise. Es bringt dich zurück zu dem Frieden, den du verloren hast.

Wenn du in den Bergen wanderst, oder in einem Park oder entlang einem Flußufer, kannst du deinem Atem folgen, mit einem Halblächeln, das auf deinen Lippen blüht. Wenn du dich müde fühlst oder verärgert, kannst du dich hinlegen, deine Arme auf den Seiten, und allen deinen Muskeln erlauben, auszuruhen und du kannst dein Gewahrsein einfach auf dein Atmen und dein Lächeln gerichtet, bewahren. Auf diese Weise auszuruhen ist wunderbar und sehr erfrischend. Es wird dir sehr gut tun, wenn du es mehrmals am Tage übst. Dein bewußter Atem und dein Lächeln wird dir Glück bringen und denen um dich herum. Selbst wenn du eine Menge Geld ausgibst für Geschenke für alle in deiner Familie, könnte doch nichts, was du kaufen könntest, ihnen so viel echtes Glück geben, wie dein Geschenk des Gewahrseins, Atmens und Lächelns - und diese wertvollen Geschenke kosten nichts.

Wenn du zu unruhig bist oder in zu großer Anspannung, um deinem Atmen zu folgen, kannst du stattdessen deine Atemzüge zählen. Zähle „eins" bei der ersten Ein- und Ausatmung. Verliere dabei den Gedanken „eins" nicht. Bei der nächsten Ein- und Ausatmung zähle „zwei" und verliere es nicht. Fahre auf diese Weise fort, bis du „zehn" erreicht hast, und dann fange wieder neu mit „eins" an. Wenn du den Faden der Konzentration zu irgend einer Zeit verlierst, kannst du wieder mit „eins" beginnen. Wenn du ruhig bist und konzentriert, wird es dir möglich sein, deinem Atem ohne zählen zu folgen.

Hast du schon einmal Gras mit einer Sense gemäht? Vor fünf oder sechs Jahren brachte ich eine Sense nach Hause und versuchte damit, das Gras vor unserer Hütte zu mähen. Ich brauchte mehr als eine Woche, bis ich die beste Art und Weise der Handhabung herausfand. Die Art und Weise, wie du stehst, wie du die Sense hältst, der Winkel des Sensenblattes zum Gras, alles das ist wichtig! Ich fand heraus, daß, wenn ich die Bewegungen meiner Arme mit dem Rhythmus meines Atmens koordinierte und ohne Hast arbeitete, bei Aufrechterhaltung von Gewahrsein meiner Aktivität, es mir möglich war, längere Zeit zu arbeiten. Wenn ich dies nicht tat, wurde ich schon nach 10 Minuten müde. Eines Tages kam ein Franzose italienischer Abstammung bei meinen Nachbarn zu Besuch, und ich bat ihn mir zu zeigen, wie man mit einer Sense mäht. Er war sehr viel erfahrener als ich, aber größtenteils benützte er dieselbe Haltung und dieselben Bewegungen. Was mich erstaunte war, daß auch er seine Bewegungen mit seinem Atem koordinierte. Seitdem, wann immer ich einen der Nachbarn mit seiner

Sense Gras mähen sehe, weiß ich, sie praktizieren Gewahrsein.

Schon bevor ich eine Sense hatte, benützte ich andere Werkzeuge - Spitzhacke, Schaufel, Rechen - und koordinierte meinen Atem und meine Bewegungen. Ich fand heraus, daß mit Ausnahme sehr schwerer Arbeit wie der Bewegung von Felsblöcken oder des Schiebens voller Schubkarren (was volle Gewahrsamkeit schwierig macht), die meisten Arbeiten - wie Erdboden umstechen, pflügen, säen, Dünger verteilen, gießen - in einer entspannten und achtsamen Weise gemacht werden können. Während der letzten paar Jahre habe ich vermieden, mich selbst zu ermüden und meinen Atem zu verlieren. Ich denke, es ist besser, meinen Körper nicht zu mißhandeln. Ich muß auf ihn achten, ihn mit Respekt behandeln wie ein Musiker sein Instrument. Ich wende „Nicht-Verletzten" auf meinen Körper an, denn er ist nicht nur ein Mittel, um den Weg zu praktizieren, er selbst ist der Weg. Er ist nicht nur Tempel, er ist auch der Weise. Meine Garten- und Buchbinderwerkzeuge, die liebe ich und ich respektiere sie sehr. Ich benütze sie, während ich meinem Atem folge, und ich empfinde, daß diese Werkzeuge und ich zusammen im Rhythmus atmen.

Ein Gedicht – und eine Pfefferminzpflanze

Ich weiß nicht, was für eine Arbeit du jeden Tag machst, aber ich weiß, daß einige Aufgaben leichter zu Gewahrsein hinführen als andere. Schreiben zum Beispiel ist schwierig, daß man es bewußt tut. Ich habe jetzt den Punkt erreicht, wo ich weiß, wann ein Satz zu Ende ist.

Aber während ich den Satz schreibe, vergesse ich es manchmal, selbst jetzt. Aus diesem Grund habe ich die letzten paar Jahre mehr manuelle Arbeit gemacht und weniger geschrieben. Jemand sagte zu mir: „Tomaten und Kopfsalat zu pflanzen mag der Weg zu allem sein, aber nicht jedermann kann Bücher und Geschichten und Gedichte so gut schreiben wie Du. Bitte vergeude Deine Zeit nicht mit manueller Arbeit!" Ich habe nichts von meiner Zeit vergeudet. Ein Samenkorn zu pflanzen, Geschirr abzuwaschen, Gras zu mähen ist ebenso zeitlos, ebenso schön wie ein Gedicht zu schreiben. Ich kann nicht verstehen, wieso ein Gedicht besser sein soll als eine Pfefferminzpflanze. Einen Samen zu pflanzen macht mir ebensoviel Freude wie ein Gedicht zu schreiben. Ein Salatköpfchen oder eine Pfefferminzpflanze hat für mich ebensoviel an immerwährender Wirkung in Zeit und Raum wie ein Gedicht.

Als ich mithalf, im Jahre 1964 die University of Advanced Buddhist Studies (Universität für Fortgeschrittene Buddhistische Studien) zu gründen, machte ich einen schwerwiegenden Fehler. Die Studenten, unter denen junge Mönche und Nonnen waren, studierten nur Bücher, Heilige Schriften und Ideen. Am Ende hatten sie nicht mehr gewonnen als eine Handvoll Wissen und ihre Diplome. Früher, wenn Novizen in ein Kloster aufgenommen wurden, hatte man sie gleich in den Garten genommen, damit sie dort lernen konnten, mit vollem Gewahrsein Unkraut zu jäten, zu gießen und zu pflanzen. Das erste Buch, das sie dann dort zu lesen bekamen, war die Sammlung von *gathas* von Meister Doc The, jenes Buch, das die Gedichte enthält zum Zuknöpfen der Jacke, zum Händewaschen, einen Fluss zu überqueren, Wasser zu tragen, am Morgen die Hausschuhe zu finden, praktische Dinge also, damit sie den ganzen Tag über Gewahrsein üben konnten. Erst später durften sie beginnen, *Sutras* zu studieren und an Gruppendiskussionen und privaten Interviews mit dem Meister teilzunehmen, und selbst dann liefen die wissenschaftlichen Studien immer Hand in Hand mit praktischen Arbeiten. Wenn ich jetzt mitzuhelfen hätte eine neue Universität zu gründen, würde ich die alten Klöster zum Vorbild nehmen. Es würde eine Gemeinschaft sein, wo alle Studenten im Sonnenlicht des Gewahrseins essen, schlafen, arbeiten und ihr tägliches Leben führen würden, vielleicht wie die Ark Community (Gemeinschaft der Arche) in Frankreich oder die Shanti Niketan oder Phuong Boi Gemeinschaften. Ich bin sicher, daß in allen Weltreligionen Meditations- und Studienzentren einander gleichen. Diese sind gute Vorbilder auch für Universitäten.

Eine geistige Heimat begründen

Jeder von uns hat es nötig, zu einem Platz wie einem „Retreat Center" (Zentrum für Exerzitien) oder einem Kloster zu gehören, wo jede Erscheinungsform der Landschaft, die Töne der Glocken und sogar die Gebäude dazu bestimmt sind, uns daran zu erinnern, zum Gewahrsein zurückzukehren. Es ist hilfreich, von Zeit zu Zeit für einige Tage oder einige Wochen dorthin zu gehen, um uns zu erneuern. Selbst wenn wir nicht tatsächlich dort hin können, brauchen wir nur daran zu denken und schon merken wir, wie wir dabei lächeln und friedlich und glücklich werden.

Die Menschen, die dort leben, sollten Friede und Frische ausstrahlen, die Früchte des Lebens in Gewahrsein. Sie müssen immer dort sein, um für uns zu sorgen, uns zu trösten und uns zu unterstützen, uns zu helfen, unsere Wunden zu heilen. Jeder von uns muß eine spirituelle Heimat finden, wo wir uns von Zeit zu Zeit zurückziehen können, so wie wir, als wir jung waren, zu unseren Müttern liefen, um bei ihnen Zuflucht zu finden.

Ende der 1950er Jahre bauten einige von uns die Fragrant Palm Hermitage (Phuong Boi) in dem Dalat Forest in Zentral-Vietnam auf (Duftende Palmen-Einsiedelei). Es war unsere spirituelle Heimat. Später, als einige von uns weggingen, um La Boi Press, die School of Youth for Social Services, Van Hanh University und das Thuong Chieu Kloster aufzubauen, konnten wir uns Phuong Boi in Erinnerung rufen und jede dieser neuen Einrichtungen in ihrer eigenen spezifischen Weise zu einer spirituellen Heimat machen. Viele von Euch sind befaßt mit der Arbeit für Soziale Veränderung und haben ein großes Bedürfnis für solch einen heilenden Ort. Als wir durch den Krieg daran gehindert waren, nach Phuong Boi zurückzukehren, gingen wir zu dem Thuong Chieu Kloster, und als Thuong Chieu unzugänglich wurde, bereiteten wir die Entstehung von Plum Village in Frankreich vor.

Singen, wirklich singen

Wir führten ein extrem ausgefülltes tätiges Leben. Obwohl wir nicht so viel manuelle Arbeit zu verrichten haben, wie die Leute in früheren Zeiten, schien es, daß wir für uns selbst nie genug Zeit hatten. Jch kenne Leute, die sagen, daß sie nicht einmal genug Zeit zum Essen oder Atmen haben, und es scheint mir wahr zu sein. Was können wir da machen? Können wir die Zeit festhalten mit beiden Händen, und sie verlangsamen?

Zunächst: laßt uns das Licht unseres Gewahrseins entzünden und wieder lernen, wie man in Gewahrsein Tee trinkt, ißt, Geschirr spült, geht, sitzt, fährt und arbeitet. Es muß nicht sein, daß wir von den Umständen mitgerissen werden. Wir sind nicht einfach ein Blatt oder ein Holzstück in einem herabstürzenden Fluß. Mit Achtsamkeit gewinnt jede unserer täglichen Verrichtungen eine neue Bedeutung, und wir erkennen, daß wir mehr als nur Maschinen sind, daß unsere Aktivitäten nicht nur geistlose Wiederholungen darstellen. Wir entdecken, daß Leben ein Wunder ist, daß das Universum ein Wunder ist, und daß auch wir selbst ein Wunder sind.

Wenn wir bedrängt werden von Durcheinander und Zerstreuung, können wir uns fragen: „Was mache ich eigentlich gerade jetzt? Vergeude ich mein Leben?" Diese Fragen beleben sogleich unser Gewahrsein und leiten unsere Aufmerksamkeit auf unser Atmen. Ein kleines Lächeln erscheint ganz natürlich auf unseren Lippen und jede Sekunde unserer Arbeit wird lebendig. Wenn es dir Freude macht zu singen, bitte, so sing doch! Wirklich sing!

Vom Schlaf zum Aufwachen

Ein Professor der politischen Wissenschaften fragte mich, über was ich nachdenken würde, wenn ich meditiere. Ich erwiderte ihm: „ich denke über garnichts nach".Ich sagte, daß ich nur achtsam sei auf das, was ist, was geschieht. Er schien zu zweifeln, aber es ist wahr. Wenn ich sitze, benütze ich meinen Intellekt fast nicht. Ich versuche nicht, Dinge zu analysieren oder komplexe Probleme zu lösen wie mathematische Aufgaben oder Rätsel. Selbst wenn ich an einem *kung-an* (im Japanischen: *koan*) arbeite, lasse ich es einfach zu, daß er da ist und ich betrachte ihn, ohne zu versuchen, ihn zu erklären oder zu interpretieren, weil ich weiß, daß ein *kung-an* nicht ein Puzzle ist, das man lösen kann. Daran arbeiten im Sinne von Gewahrsein bedeutet nicht analysieren. Es bedeutet nur ständige Beobachtung. Denken setzt angestrengte geistige Arbeit voraus und macht uns müde. Dies ist nicht der Fall, wenn wir in Gewahrsein oder „Beobachtung" verweilen. Wir neigen dazu, anzunehmen, daß die Meditation eine große Mobilisierung „grauer Gehirnzellen" voraussetzt, aber dies ist tatsächlich nicht der Fall. Ein Meditierender ist kein Denker; ein Meditierender leistet keine geistige Arbeit. Im Gegenteil, Meditation ruht den Geist aus.

Seit Beginn unserer Unterhaltung habe ich meinen Freund nicht einmal gebeten, seine „grauen Zellen" zu benützen. Ich habe ihn nur aufgefordert, mit mir Dinge zu „sehen", zu "beobachten". Um dies zu tun, müssen wir uns konzentrieren, aber nicht analysieren. Wir müssen achtsam sein ohne nachzusinnen oder zu interpretieren. Achtsam zu sein bedeutet einfach reine Aufmerksamkeit hervorbringen. Es ist dies ein Vehikel, welches dich vom Schlaf zum Erwachen bringen kann. Wenn du nicht *weißt*, daß du ärgerlich bist, Gefühle empfindest, denkst, sitzst, usw., dann schläfst du. In seinem Roman „L'etranger" (Der Fremde) beschreibt Albert Camus seinen Anti-Helden als einen Menschen, der lebt, wie wenn er tot wäre. Dies ist wie Leben in einem dunklen Raum ohne Licht des Gewahrseins. Wenn du das Licht des Gewahrseins anzündest, gehst du über vom Schlaf zum Wachzustand. Im Sanskrit bedeutet das Wort „*buddh*" „aufwachen", und einer, der aufwacht, wird Buddha genannt. Ein Buddha ist ein Mensch, der immer wach ist. Von Zeit zu Zeit haben wir dieses Gewahrsein, so sind wir also „von-Zeit-zu-Zeit" Buddhas.

Gewahrsein, Konzentration, Verständnis

Gewahrsein (*sati* in Pali, *smrti* in Sanskrit) bedeutet einfach „sich bewußt sein von", „im Gedächtnis bewahren" oder „vertraut sein mit". Wir sollten es aber verwenden im Sinne von „ sich im Prozeß des Gewahrseins befinden" oder „sich im Prozeß des im Gedächtnis Bewahrens befinden". Wir haben das Wort Gewahrsein erfahren im Sinne von Erkennen oder reiner Achtsamkeit, aber die Bedeutung hört hier nicht auf. Im Gewahrsein gibt es auch die Merkmale von Konzentration (*samadhi*) und Verstehen (*prajña*). Konzentration und Verstehen zusammen sind sowohl Intensität von Gewahrsein wie Ergebnis von Gewahrsein. Jedesmal, wenn das Licht des Gewahrseins entzündet wird, sind Konzentration (*auf Eins-gerichtet-Sein*) und Verständnis (*Klarblick*) natürlicherweise gegenwärtig. Die Worte Konzentration und Verständnis werden oft benützt im Sinne von Ergebnis oder Wirkung. Im Sinne der Voraussetzung oder der Ursache können wir die Worte „zum Stillstand bringen" oder „sehen" benützen. Wenn wir zum Stillstand bringen und aufmerksam schauen können, gelingt es uns, klar zu sehen. Was aber ist zum Stillstand zu bringen? Vergeßlichkeit, Zerstreuung und Verwirrung - der Zustand verlorenen Gewahrseins, die Abwesenheit von Bewußtsein muß zum Stillstand gebracht werden.

Zum Stillstand bringen bedeutet nicht unterdrücken. Es gibt nur die Umwandlung der Vergeßlichkeit in Erinnerung, von Abwesenheit von Gewahrsein in Gegenwart von Gewahrsein.(2)

Einen Topf Mais kochen

Die Praxis der Meditation ist keine Übung in Analyse oder Schlußfolgerung. Das Schwert der Logik hat bei der Praxis von Gewahrsein, Konzentration und Verständnis, sowie von zum- Stillstand-Bringen und Sehen keinen Platz. Wenn wir in Vietnam einen Topf mit getrocknetem Mais kochen, konzentrieren wir das Feuer unter dem Topf, und einige Stunden später werden die Körner locker und bersten auf. Wenn die Sonnenstrahlen auf den Schnee fallen, schmilzt der Schnee allmählich. Wenn eine Henne auf ihren Eier sitzt, nehmen im Inneren die kleinen Küken langsam Form an, bis sie soweit sind, sich ihren Weg hinaus zu picken. Dies sind Bilder, welche die Auswirkung von Meditations-Praxis illustrieren.

Das Ziel dieser Praxis ist, das wahre Gesicht der Wirklichkeit zu sehen, welche Geist und Geistobjekt ist. Wenn wir von Geist sprechen und von der äußeren Welt, werden wir gleich in dualistischen Vorstellungen vom Universum gefangen. Wenn wir die Worte Geist und Geistobjekte benützen, können wir den Schaden vermeiden, der hervorgerufen wird durch das Schwert der vorstellungsbehafteten Unterscheidung. Die Wirkung von Meditation ist wie das Feuer unter dem Topf, wie die Sonnenstrahlen auf dem Schnee und wie die Wärme der Henne auf ihren Eiern. In diesen drei Fällen gibt es keine Bemühung um Urteile oder Analyse, nur einfach geduldige und kontinuierliche Konzentration. Wir können der Wahrheit erlauben zu erscheinen, aber wir können sie nicht mit Mathematik, Geometrie, Philosophie oder irgend einem anderen Abbild unseres Intellekts beschreiben.

An einem kung-an arbeiten

„Wirklichkeit kann nicht mit Vorstellungen eingefangen werden". Ich frage mich, wer dies zum erstenmal sagte. Auch wir haben diese Einsicht, wenn wir uns selbst konzentrieren, um zu beobachten. Das Schwert begrifflichen, unterscheidenden Denkens schneidet die Wirklichkeit nur in kleine, anscheinend voneinander unabhängige leblose Stückchen. Viele Wissenschaftler bestätigen, daß große Entdeckungen oft durch Intuition realisiert wurden. Für sie ist der Verstand nicht ein Mittel zur Entdeckung, sondern ein Werkzeug, um sie später zu erklären und zu fördern. Diese Entdeckungen geschehen oft zu den unerwartetsten Zeiten, Zeiten, wo der Wissenschaftler nicht aktiv mit Denken, Analysieren oder Überlegen beschäftigt ist. Eine erleuchtende Einsicht erfolgt, weil der Wissenschaftler dem Problem stille Aufmerksamkeit gewidmet hat - während des Essens, Gehens, Sprechens, selbst im Schlaf, jeden Augenblick des Tages. Leute, die an *kung-ans* arbeiten, machen es auf genau die gleiche Weise. Wir sprechen vom „Meditieren auf" einen *kung-an*, aber eine genauere Beschreibung wäre „prüfen" oder „betrachten". Alle Probleme des Lebens, alle Gefühle wie Leidenschaften,

Haß, Traurigkeit und Leiden, aber auch Gedanken wie Geburt, Tod, Form, Leerheit, Existenz und Nicht-Existenz können ebensogut als „Objekte der Prüfung und Betrachtung" benützt werden.

Gewahrsein ist sowohl Ursache als Wirkung

Gewahrsein ist zur gleichen Zeit Ursache und Wirkung, Konzentration und Verständnis, zum-Stillstand-bringen und Sehen. Sobald das Licht des Gewahrseins entzündet ist, konzentrieren wir uns, sind friedvoll, sehen uns selbst deutlicher. Wenn ein Generator läuft, fließt der Strom, und die Lampe leuchtet. Wenn er läuft, während eine Batterie aufgeladen wird, wird Energie in der Batterie gespeichert. Gleichermaßen wird, wenn Gewahrsein ständig aufrechterhalten wird, Konzentration und Verständnis angesammelt. Wir nennen es „intensiv arbeiten". Selbst im Schlaf hört das Gewahrsein nicht auf, und der *kung-an* wird weiter geprüft, sogar ohne Wissen des Schläfers. Manchmal fahren wir sogar beim Träumen fort, das Gewahrsein zu bewahren. Wenn ich intensiv praktiziere, kann ich selbst in meinen Träumen sehen, daß ich Gewahrsein aufrechterhalte.

Das unvorstellbare Vorstellen

Die wissenschaftliche Methodik beinhaltet die möglichst weitgehende Einschränkung des Beobachtungsfeldes um klar und deutlich zu sehen. Je kleiner das

Beobachtungsfeld, desto größer die Beachtung. Auf dem Gebiet subatomarer Partikel haben die Wissenschaftler jedoch entdeckt, daß jedes Teilchen von allen anderen Teilchen beeinflußt wird und sogar vom Geist des beobachtenden Forschers. Eine Schule theoretischer Physiker hat das „bootstrap-konzept" entwickelt, welches besagt, daß die Existenz jeder Sache und jedes Seins im Universum von allen anderen Dingen und allen anderen Existenzen bedingt wird und abhängt. Wir sind gewohnt anzunehmen, daß Partikel „Dinge" bilden, aber in der Tat sind *alle* Partikel von *allen* anderen Partikel abhängig und keines hat eine separate Individualität - "jedes Partikel ist bestehend aus allen anderen". Dieses Konzept ist sehr ähnlich dem, was in der *Avatamsaka Sutra* zum Ausdruck kommt: „Alles ist Eines".(3)

Wenn die Wirklichkeit eine Interaktion, ein „Interbeing" (Dazwischensein) ist, wie können wir dann ihr Wesen ergründen? Die Tsao-tung (Japanisch: Soto-) Zen-Sekte lehrt ihre Praktiker, nur zu beobachten, ohne Beurteilung, ohne Nachdenken. Sie sagen „Wie kann jemand das Unvorstellbare begreifen? Nicht zu denken, das ist die Essenz des Zen"(4). Ich liebe die Vietnamesischen Worte *quan-chieu*, weil sie in sich die Idee enthalten, Licht auf etwas zu strahlen, um es anzusehen - um anzusehen, frei von allen Spekulationen, Überlegungen, Interpretationen oder Bewertungen.

Wenn die Sonne ständig auf eine Lotos-Blume scheint, öffnet sie sich weit und enthüllt ihr Samenherz. In gleicher Weise enthüllt sich die Wirklichkeit sanft durch die Aktivität des Sehens. In der Meditation sind Subjekt und Objekt reiner Beobachtung untrennbar von einander.

Vor dem zwanzigsten Jahrhundert wurde in der Wissenschaft immer zwischen dem Forscher und dem Gegenstand seiner Untersuchungen eine Grenze gezogen. Mit
Ausnahme des Forschungsbereichs der Atome trifft dies
selbst heute oft zu. Ein Virologe und das Virus unter
dem Mikroskop werden als zwei getrennte und unabhängige Einheiten (Dinge an sich) angesehen.(5)

Die Einstellung der Meditation ist genau das Gegenteil
hiervon. Erinnere dich der Beziehung zwischen Sonnenschein und dem grünen Blatt. Wenn wir etwas mit
unserem Bewußtsein erhellen, verändert es sich, ver-
mischt sich und vereinigt sich mit dem Gewahrsein.
Wenn du dir zum Beispiel gewahr bist, daß du glücklich
bist, kannst du sagen „Ich bin mir bewußt, daß ich
glücklich bin". Wenn du noch einen Schritt weiter gehst,
kannst du sagen: „ Ich bin mir bewußt, daß ich mir
bewußt bin, glücklich zu sein". Es gibt da drei Stufen:
das Glück, das Bewußtsein vom Glücklichsein und das
Bewußtsein vom Bewußt-sein. Ich biete dieses Schwert
begrifflichen Denkens an, um den springenden Punkt zu
zeigen; in Wahrheit sind diese drei Stufen in dir Eines.

Die *Satipatthana Sutta*, (6), eine buddhistische Heilige
Schrift, die Gewahrsamkeit lehrt, verwendet Ausdrük-
ke wie „den Körper im Körper beobachten", „die
Gefühle in den Gefühlen beobachten", „den Geist im
Geist beobachten", „die Objekte des Geistes in den Objekten des Geistes beobachten". Warum werden die
Wörter Körper, Gefühle, Geist, Objekte des Geistes
wiederholt? Einige Meister des Abhidhamma sagen, daß
es der Zweck dieser Wiederholung sei, die Wichtigkeit
dieser Worte zu unterstreichen. Ich sehe es anders. Ich

denke, daß diese Worte wiederholt werden, um uns daran zu erinnern, daß wir den Meditierenden und das Objekt der Meditation nicht trennen. Wir müssen mit dem Objekt leben, uns mit ihm identifizieren, uns mit ihm vereinigen, wie ein Salzkorn, das ins Meer eindringt, um die Salzigkeit des Meeres zu ermessen.

Genau so ist es auch mit einem *kung-an* . Ein *kung-an* ist nicht ein Problem, das mit dem Intellekt zu lösen ist. Ein *kung-an* ist nicht ein *kung-an*, wenn es das eines anderen ist. Ein *kung-an* ist nur ein *kung-an*, wenn es unser eigenes ist. Es muß unsere eigene Frage von Leben und Tod sein- es kann nicht getrennt sein von unserem täglichen Leben. Es muß in uns eingepflanzt sein in Fleisch und Knochen; Wir müssen das Erdreich sein, das es nährt. Nur dann werden seine Früchte und Blumen unsere eigenen Früchte und Blumen sein.

Das Wort „comprehend" (Verstehen) ist gebildet aus zwei lateinischen Wurzeln: *cum* (zusammen) und *prehendere* (nehmen, ergreifen). Verstehen bedeutet etwas nehmen und sich mit ihm verbinden. Solange wir etwas nur von außen analysieren, ohne eins mit ihm zu werden, ohne in seine Schuhe, seine Haut zu schlüpfen, werden wir es niemals richtig verstehen. Der Theologe Martin Buber sagte einmal, daß die Beziehung zwischen einer Person und Gott nicht eine ist von Subjekt und Objekt, weil Gott nicht das Objekt unseres Wissens sein kann. Die Physiker des 20. Jahrhunderts sind dahin gekommen zu begreifen, daß „kein vollständig objektives Phänomen existieren kann, das heißt, unabhängig von dem Geist des Beobachters. Und umgekehrt: alle subjektiven Phänomene weisen hin auf eine objektive Tatsache". (7)

2. Kapitel

Der Tanz der Bienen

Gib dein Schicksal nicht in die Hände anderer

Eines Abends kam ich von einer Bergwanderung zu meiner Klause zurück und fand alle Türen und Fenster der Hütte aufgerissen. Ich hatte sie, als ich das Haus verlassen hatte, nicht gesichert und jetzt blies ein kalter Wind durch das Haus, hatte die Fenster aufgedrückt und streute die Papiere von meinem Schreibtisch überall im Raum herum. Unverzüglich schloß ich die Türen und Fenster, zündete eine Lampe an, hob die Papiere auf und legte sie wieder ordentlich auf meinem Schreibtisch zurecht. Dann zündete ich im Kamin ein Feuer an und bald brachten die prasselnden Holzklötze wieder Wärme in den Raum zurück.

Manchmal fühlen wir uns in einer Menschenmenge müde, kalt und einsam. Wir möchte uns zurückziehen, um bei uns selbst zu sein und wieder warm zu werden, wie ich es in der Hütte machte, als ich am Feuer saß, geschützt von dem kalten, feuchten Wind. Unsere Sinne sind unsere Fenster zu der äußeren Welt, und manchmal bläst der Wind und bringt alles in uns in Unordnung. Viele von uns lassen unsere Fenster die ganze Zeit offen, erlauben den Blicken und Geräuschen der Welt in uns einzudringen, uns zu durch-dringen und geben unser trauriges, gequältes Selbst preis. Wir fühlen uns so kalt und einsam und verängstigt.

Hast du dich auch schon beim Ansehen eines entsetzlichen Fernseh-Programms angetroffen, unfähig es abzustellen? Die rauhen Geräusche, Explosionen von Geschützfeuer bringen einen aus der Fasssung. Aber du stehst nicht auf und schaltest ab. Warum quälst du dich selbst auf diese Weise? Willst du nicht deine Fenster zumachen? Hast du Angst vor dem Alleinsein - der Leerheit und Einsamkeit - die wir empfinden, wenn wir das sind, was wir fühlen und empfinden. Wenn wir ärgerlich sind, dann sind wir ärgerlich. Wenn wir verliebt sind, dann sind wir verliebt. Wenn wir einen verschneiten Berggipfel betrachten, dann sind wir der Berg. Sehen wir ein schlechtes TV Programm an, dann sind wir das TV Programm. Während wir träumen, sind wir der Traum. Wir können alles sein, was wir wollen, sogar ohne einen magischen Zauberstab. Also warum öffnen wir unsere Fenster schlechten Filmen und Fernseh-Programmen, Filmen, die von sensationshaschenden Produzenten auf der Suche nach schnell verdientem Geld gemacht werden, Filmen, die unsere Herzen heftig schlagen machen, unsere Hände verkrampfen, und uns erschöpft auf die Straßen entlassen? Wer erlaubt, daß solche Filme und TV Programme gemacht werden? Besonders für die ganz jungen Menschen. Wir tun es!

Wir stellen zu wenig Anforderungen, sind zu sehr bereit alles anzusehen, was immer auf den Bildschirm kommt, sind zu einsam, zu bequem, oder zu gelangweilt, um unsere eigenen Leben zu schaffen . Wir schalten das Fernsehgerät ein und lassen es an, erlauben so jemandem anderen, uns zu führen, uns zu formen und uns zu zerstören. Uns auf diese Weise zu verlieren heißt, unser Schicksal in die Hände anderer zu legen, die möglicherweise nicht verantwortlich handeln. Wir müssen uns bewußt sein, welche Art von Programmen unserem Nervensystem, unserem Geist und unseren Herzen schaden, und welche Programme und Filme uns fördern.

Ich spreche nicht nur über Filme und Fernseh-Programme. Wieviele Verlockungen sind rund um uns her zurechtgemacht - von unseren Kollegen oder von uns selbst? Wie oft gehen wir deswegen an einem einzigen Tag uns verloren und werden zerstreut? Wir müssen sehr sorgfältig sein, um unser Schicksal und unseren Frieden zu bewahren. Das bedeutet nicht, daß wir alle unsere Fenster schließen sollten, denn es gibt viele Wunder in der Welt, die wir „Außen" nennen. Öffne deine Fenster diesen Wundern. Schau jedes von ihnen an mit dem Licht des Gewahrseins. Selbst wenn du neben einem klaren, fließenden Wasserlauf sitzst, einer wunderbaren Musik zuhörst, oder einen ausgezeichneten Film anschaust, vertraue dich nicht völlig dem Fluß, der Musik oder dem Film an. Fahre fort deiner selbst und deines Atmens gewahr zu sein. Mit der Sonne des Gewahrseins, die in uns scheint, können wir die meisten Gefahren vermeiden - der Wasserlauf wird klarer, die Musik harmonischer, und die Seele des Künstlers in dem Film völlig sichtbar.

Wenn jemand zu meditieren beginnt, mag er im Sinne haben, die Stadt zu verlassen und auf das Land zu ziehen, damit es leichter wird, jene Fenster zu schließen, die geöffnet seinen Geist beunruhigen würden. Dort kann er oder sie eins werden mit dem stillen Wald und sich selbst wiederentdecken und gesund werden, ohne von dem Chaos der „äußeren Welt" mitgerissen zu werden. Der unverdorbene und schweigende Wald hilft dir im Gewahrsein zu verbleiben. Wenn Gewahrsein fest begründet ist, wenn du es aufrechterhalten kannst ohne Wanken, dann kannst du wünschen, in die Stadt zurückzukehren und dort, weniger gestört, zu bleiben. Doch bevor du diesen Punkt erreichst, mußt du sehr sorgfältig sein, dein Gewahrsein von einem Augenblick zum nächsten hegen und dich für die Umwelt und den Lebensunterhalt entscheiden, die dir am besten helfen können.

Dusche dich nicht kalt, wenn du die Grippe hast

Wenn du von Beruf Kritiker bist, dann liest du ein Buch oder schaust einen Film an mit einem beobachtenden Geist. Während du liest oder zuschaust, bist du dir deiner Verantwortung bewußt als Sachverständiger, und du wirst nicht der „Gefangene" des Buches oder Films. Du behältst die Kontrolle deiner selbst. Wenn du in Gewahrsein lebst, behältst du auch die Kontrolle deiner selbst. Obwohl deine Fenster zu der Welt offen sind, bist du nicht von ihr überwältigt. Wenn wir unsere Sinne schützen müssen, ist es deshalb, weil wir noch nicht stark genug sind, der Welt voll zu begegnen, gerade wie jemand mit einer Erkältung oder Grippe nicht stark genug sein kann, um eine kalte Dusche zu nehmen.

Ich erinnere mich, wie ich bei der La Boi Press, einer kleinen Verlagsgesellschaft, die einige von uns in Vietnam gründeten, aufgefordert wurde, etwas über Kunst und Briefe zu sagen. Ich sagte damals, daß beide enthüllen und heilen müssen. Enthüllen heißt, die wahre

Situation der Menschen und der Gesellschaft zu zeigen. Und Heilen heißt Wege zu zeigen, wie man sie heilen kann. Der Buddha wird oft der Medizin-König genannt, weil seine Lehren jedem einzelnen Wesen und jeder Situation gerecht wird. Prinz Siddharta zog sich ja zurück in die Wälder, um viele Jahre an einem Fluß zu sitzen, bevor er zu der Welt der Menschen zurück- kehrte. Heute leben wir in lärmigen und verdorbenen Gesellschaften, angefüllt mit Ungerechtigkeit, aber wir können für einen Augenblick Zuflucht nehmen zu einem öffentlichen Park oder an einem Flußufer. Zeitgenössische Musik , Literatur und Unterhaltung unternehmen wenig, um mit Heilen zu helfen. Im Gegenteil enthält vieles davon die Bitterkeit, Verzweiflung und den Überdruß, die wir alle spüren. Wir müssen Wege finden, uns selbst zu schützen, müssen lernen, wann wir unsere Sinnes-Fenster zu öffnen und wann wir sie zu schließen haben. Dies ist der erste Schritt für einen, der mit Meditation anfängt.

Ich meine, daß ich eine Umwelt und Ziele brauche, die für mich richtig sind, die zu meinem Glück, meinem Frieden und meiner Gesundheit beitragen. Wo gibt es dies? Sie sind gerade dort in der „äußeren Welt". Ein Wasserlauf im Wald, die Augen eines Kindes, ein guter Freund, ein ausgezeichnetes Buch, ein Konzert, ein schmackhaftes, gesundes Essen - ich bin sicher, diese Dinge sind vorhanden. Aber ohne Gewahrsein bin ich nicht voll in der Lage, mich daran zu freuen und sie zu schätzen.

Wenn wir uns nahe an einen Bach setzen, können wir
auf sein Gelächter lauschen und sein schäumendes
Wasser beobachten, die schimmernden Kieselsteine
wahrnehmen und die frischen grünen Pflanzen in der
Nähe, und wir können überwältigt werden von Freude.
Wir sind eins mit der Frische des Baches, seiner Rein-
heit und Klarheit. Aber einen Augenblick später können
wir wieder meinen, daß wir genug haben. Unser Herz
ist beunruhigt, und wir denken an andere Dinge. Wir
sind nicht mehr eins mit dem Bach. Es macht keinen
Sinn, in einem friedlichen Wald zu sitzen, wenn unser
Geist in der Stadt verschwunden ist. Wenn wir mit
einem Kind oder mit einem Freund zusammenleben,
dann kann ihre Frische und Wärme uns beruhigen. Aber
wenn unser Herz nicht bei ihnen ist, dann wird ihre
wertvolle Gegenwart außer acht gelassen, und sie existieren nicht mehr. Wir müssen, um ihren Wert zu begreifen, ihrer gewahr sein, ihnen erlauben, unser Glück
zu sein. Wenn wir aus Unachtsamkeit und Vergeßlichkeit mit ihnen unzufrieden werden und beginnen, zu viel
von ihnen zu verlangen oder sie zurechtzuweisen,
werden wir sie verlieren. Erst dann, wenn sie gegangen
sind, werden wir ihre Kostbarkeit erkennen und Reue
empfinden. Aber wenn sie einmal gegangen sind, ist all
unsere Reue umsonst.

Rund um uns her bricht das Leben hervor mit Wundern
- ein Glas Wasser, ein Strahl Sonnenschein, ein Blatt, eine
Raupe, eine Blume, Lachen, Regentropfen. Wenn du in
Gewahrsein lebst, ist es einfach, überall Wunder zu
sehen. Jeder Mensch ist eine Vielfalt von Wundern.
Augen, die Tausende von Farben, Erscheinungen und
Formen sehen; Ohren, die eine Biene fliegen hören oder

den Donnerschlag; eine Intelligenz, die über ein Stäubchen ebenso leicht nachdenken kann wie über den ganzen Kosmos; ein Herz, das im Rhythmus mit dem Herzschlag aller Wesen schlägt. Wenn wir müde sind und uns von den täglichen Kämpfen des Lebens entmutigt fühlen, werden wir diese Wunder nicht bemerken, doch sie sind immer da.

Schau dir den Apfelbaum in deinem Garten an. Sieh ihn dir mit ganzer Aufmerksamkeit an. Er ist wirklich ein Wunder. Wenn du es bemerkst, wirst du gut für ihn Sorge tragen, und dann bist auch du ein Teil seiner Großartigkeit. Auch wenn du ihn nur eine Woche lang pflegst, dann sind seine Blätter schon grüner und glänzender.

Genauso verhält es sich mit den Menschen, die um dich herum sind. Unter der wirkenden Kraft von Gewahrsein wirst du aufmerksamer, verständnisvoller und liebevoller, und deine Anwesenheit nährt nicht nur dich und macht dich liebenswerter, sie macht auch sie besser und schöner. Unsere ganze Gesellschaft kann durch die friedliche Gegenwart eines Menschen geändert werden.

Unser Geist bringt alles hervor. Der Gipfel des Berges, majestätisch und schneeglänzend, bist, wenn du ihn recht betrachtest, du selbst. Seine Existenz hängt ab von deinem Gewahrsein. Wenn du deine Augen schließt, ist, solange dein Geist gegenwärtig ist, der Berg da. Wenn du in Meditation sitzt, mit einigen Sinnes-Fenstern geschlossen, fühlst du die Anwesenheit des ganzen Universums. Warum? Weil der Geist da ist. Wenn deine Augen geschlossen sind, ist es so, daß du besser sehen kannst. Die Blicke und Geräusche der Welt sind nicht deine „Feinde". Dein „Feind" ist Vergeßlichkeit, die Abwesenheit von Bewußtsein.

Jetzt, während ich schreibe, kämpfen die französischen Arbeiter, um ihre Wochenarbeitszeit herabzusetzen von 40 auf 35 Stunden. Sie bemühen sich sehr, dies zu erreichen, doch welchen Gebrauch werden sie von diesen fünf Stunden machen? Wenn sie sie benützen, wie sie ihre Samstagabende verbringen, in einer Bar oder vor einem Fernsehapparat, wird es nur eine fürchterliche Verschwendung sein. Wir alle brauchen Zeit, um zu entspannen und zu leben, aber wie? Wenn wir etwas freie Zeit haben, dann schauen wir gewöhnlich, was im TV los ist, um zu vermeiden, daß wir „nichts zu tun haben", was bedeuten würde, zu Hause zu bleiben, allein mit uns selbst. Es könnte sein, daß das Fernsehen uns mehr müde macht, mehr nervös, mehr unausgeglichen, aber diese Ergebnisse bemerken wir selten. Der freien Zeit, für die wir so hart kämpfen, bemächtigen sich die Fernseh-Sendegesellschaften und die Produkte ihrer Werbefachleute. Das Ende davon ist, daß wir zu ihrer Kolonie werden. Wir müssen Wege finden, daß wir unsere wertvolle Zeit zum Ausruhen und Glücklichsein benützen.

Wir können uns dafür entscheiden, gute TV-Sendungen anzusehen, an schöne Orte zu gehen, gute Freunde zu treffen, Bücher und Schallplatten auszuwählen, die uns gut gefallen. Und wir können auf entspannte, zufriedene Weise mit dem leben, wofür wir uns entschieden haben. Denk daran, daß wir das sind, wofür wir uns entscheiden. Bist du je am Strand gewesen, wenn die Sonne aufging, oder am Mittag auf einem Berggipfel? Hast du deine Arme weit ausgestreckt und tief geatmet, deine Lungen mit reiner, sauberer Luft gefüllt, mit grenzenloser Unermeßlichkeit? Hast du empfunden, als ob du selbst einfach der Himmel, das Meer, der Berg sein würdest? Wenn du zu weit vom Meer oder von einem Berg entfernt bist, dann kannst du dich mit gekreuzten Beinen hinsetzen und sanft und tief atmen, und das Meer, der Berg, das ganze Universum werden in dich eintreten.

Das Gewußte ist nicht getrennt von dem Wissenden

Gewahrsein heißt, etwas gewahr sein. Wenn der Geist sich auf dem Berg niederläßt, wird er der Berg. Wenn er auf dem Meer weilt, wird er das Meer. Wenn wir sagen „wissen", so sind darin sowohl das Gewußte, wie der Wissende eingeschlossen. Wenn wir über unseren Körper meditieren, sind wir unser Körper; wir schränken unsre Beobachtung ein auf unseren Körper, selbst wenn wir verstehen, daß unser Körper vom Rest des Universums nicht getrennt ist. Wenn wir über den grenzenlosen Raum meditieren, dann werden wir grenzenloser Raum (akasanantyayatana). Wenn wir über das Bewußtsein meditieren, das sowohl Raum wie Zeit einschließt, erreichen wir einen Zustand unbegrenzten Bewußtseins (vijñananantyayatana).

Wenn wir über die Abwesenheit der Identität aller Dinge meditieren, betreten wir den Zustand des Nichts (akiñcanyayatana). Wenn wir über die Unterschiedslosigkeit von Wissendem und Gewußtem meditieren, gelangen wir zu dem Zustand von „weder Wahrnehmung noch Nicht-Wahrnehmung"(naivasañjñanasañjñayatana). Die Vier Formlosen Zustände des Bewußtseins sind nicht so schwierig zu erreichen, als du annehmen wirst, vorausgesetzt, es gibt Gewahrsein, das jede Bewegung des Geistes beleuchtet.

Du kannst versuchen, einen dieser Zustände zu erfahren - welchen, nachdem überhaupt, ist nicht wichtig. Der wesentliche Punkt ist, dein Bewußtsein niemals getrennt sein zu lassen von dem, was du als das Objekt deines Bewußtseins betrachtest. Auf einmal wirst du gewahr, und Körper, Bergesgipfel oder Flußlauf, alle werden dein Geist.

Loslassen von „Innen" und „Außen"

Du wirst bemerkt haben, daß ich jedesmal, wenn ich den Ausdruck „äußere Welt" benütze, ihn in Anführungszeichen setze. Dies deshalb, weil es für mich nicht richtig „außen" ist. Schau genau hin: Ist die Welt außerhalb deines Körpers? Ist sie außerhalb deines Geistes? Unser Körper - Blut, Fleisch, Knochen - gehören zu dieser „äußeren Welt". In Wirklichkeit entziehen sich auch unser Gehirn und unser Nervensystem dem nicht. Vielleicht kann man die einigen hundert Quadratzentimeter, die unser Gehirn einschließen, als „innen" ansehen. Aber nein, das Gehirn füllt Raum aus, und Raum ist Teil der „äußeren Welt", nicht wahr?

Ist unser Geist in der „inneren Welt"? Wo kann man Geist finden? Kannst du ihn im Raum identifizieren? Nein, alles, was du tun kannst, ist, ihn beobachten, ihn beobachten, wie er sich selbst beobachtet. Versuche bitte deinen Geist zu betrachten, als ob er etwas Materielles wäre. Wir wissen, daß der Geist in Verbindung steht mit dem Gehirn und dem Nervensystem. Er ist Gedächtnis, Empfindungen, Denken, Wahrnehmung, Wissen. Diese geistigen Erscheinungen haben physiologische Wurzeln; sie sind geboren und sie sterben; sie haben Kraft. Können wir sie in Raum und Zeit festlegen? Im Raum dient das Nervensystem als ihre Basis. In der Zeit können sie gestern oder heute oder morgen erscheinen. So kann der Geist selbst als Teil der sogenannten „äußeren" Welt angesehen werden. Fahre fort zu prüfen, und du wirst feststellen, daß alles zu der „äußeren" Welt zu gehören scheint. Aber außerhalb von was? Wie kann es ein „Außen" geben ohne ein „Innen"?

Wirf dich nicht auf die Schlußfolgerung, daß die „äußere" Welt im Geist angesiedelt ist, und daß der Geist das ganze Universum einschließt. Diese Schlußfolgerung würde wieder anfangen, die Unterscheidung zwischen „innen" und „außen" zu akzeptieren. Zu sagen: „Alles wird innerhalb des Geistes gefunden, es gibt nichts außerhalb des Geistes" ist ebenso absurd, wie zu sagen: „Es ist der Geist, der die äussere Welt erkennt". Unsere Verwirrung kommt von der Gewohnheit, zwischen „innen" und „außen" zu unterscheiden. Im normalen Leben ist diese Unterscheidung notwendig. Wenn wir zu Hause bleiben, mag es für uns angenehm sein, leicht angezogen zu sein, selbst an einem kalten Wintertag. Aber wenn wir hinaus gehen, ohne uns wärmer anzuziehen, können wir eine Erkältung bekommen. Vorstellungen wie hoch und niedrig, eins und viele, kommen und gehen, Geburt und Tod, sind alle im täglichen Leben wichtig. Aber wenn wir den Bereich des Alltags verlassen, um über die wahre Natur des Universums zu meditieren, müssen wir auch diese Vorstellungen hinter uns lassen. Wenn du zum Beispiel deine Augen erhebst, um hinauf zu den Sternen und zum Mond zu schauen, sagst du, sie seien „oben". Aber zur gleichen Zeit ist die Richtung, in die du schaust, für jemand, der auf der Gegenseite des Planeten steht, „unten". Wenn wir auf das ganze Universum blicken, müssen wir alle diese Vorstellungen von hoch und niedrig, und so weiter, vollständig aufgeben.

Wirklichkeit kann nicht begriffen werden

Vorstellungen aufzugeben, das ist von grundsätzlicher Wichtigkeit für den, der meditiert. Wenn wir unseren Körper beobachten, unsere Gefühle, unsere Gedanken, unsere Empfindungen, ordnen wir sie Raum und Zeit zu, gerade wie wenn wir physikalische Erscheinungen beobachten. Wir sehen psychologische Erscheinungen und materielle, physiologische Phänomene. Du kannst fragen: „Wenn Geist das Objekt seiner eigenen Beobachtung wird, ist dann das, was erfaßt wird, Geist selbst, oder nur eine Projektion oder Reflexion des Geistes?" Dies ist eine gute Frage. Du möchtest vielleicht auch fragen:" Wenn physiologische und materielle Erscheinungen als Objekte beobachtet werden, behalten sie dann ihr wahres Wesen oder werden sie einfach zu Projektionen oder Reflexionen der Wirklichkeit, umgewandelt, weil Objekte der Beobachtung geworden?" Unser Geist schafft Kategorien - Raum und Zeit, oben und unten, innen und außen, ich und die anderen, Ursache und Wirkung, Geburt und Tod, eines und viele - und er packt alle materiellen und physiologischen Erscheinungen in Kategorien wie diese, bevor er sie untersucht und versucht, ihr wahres Wesen zu finden. Es ist, wie wenn man viele Flaschen unterschiedlicher Form und Größe mit Wasser füllen würde, um die Form und Größe von

Wasser herauszufinden. Die Wahrheit selbst transzendiert diese Vorstellungen, sodaß, wenn du sie durchschauen willst, du alle vorstellungsmäßigen Konzepte, die du im täglichen Leben benützt, sprengen mußt. Die Relativitätstheorie bestätigt wieder, daß du keinen Fortschritt machen kannst in der Erkenntnis des Universums, wenn du nicht die Idee, daß Raum und Zeit absolut und unabhängig voneinander sind, aufgibst. Die Quantentheorie stellt fest, daß du, wenn du die Welt der subatomaren Teilchen verstehen willst, all die Vorstellungen, die im täglichen Leben so nützlich sind, wie Materie und leerer Raum, Ursache und Wirkung, vorne und hinten, hinter dir lassen mußt.

Einsicht ist die Frucht der Meditation,
nicht des Nachdenkens

Heute wissen die Quantentheoretiker, daß das Bewußtsein des Beobachters in sehr engem Zusammenhang steht mit dem beobachteten Objekt, und sie wenden mehr und mehr ihrer Aufmerksamkeit diesem Bewußtsein zu. 1979 organisierte France-Culture in Cordoba, Spanien, eine einwöchige Tagung über „Geist und Wissenschaft" Viele anerkannte Gelehrte waren anwesend und eine Anzahl von ihnen erklärten nachdrücklich ihre Überzeugung, daß die Welt und der Geist von gleicher Beschaffenheit sind.

Obwohl einige Wissenschaftler das grundlegende Kennzeichen des Geistes verstanden haben, fürchte ich, daß die meisten ihn immer noch wie irgend ein anderes Objekt in ihren Laboratorien untersuchen wollen.

Dann ist es nicht mehr Geist, sondern die Projektion oder Reflexion von ihm, geschaffen von Vorstellungen. Denken wir an den Satz aus der Satipatthana Sutta: „Beobachte den Körper in dem Körper, beobachte die Gefühle in den Gefühlen, beobachte den Geist im Geist, beobachte die Objekte des Geistes in den Objekten des Geistes" Dies bedeutet, daß du leben mußt im Körper im vollen Bewußtsein davon, und ihn nicht einfach studieren mußt wie ein davon getrenntes Objekt. Lebe in Gewahrsein mit Gefühlen, Geist und Objekten des Geistes. Untersuche sie nicht nur einfach. Wenn wir über unseren Körper meditieren, leben wir mit ihm als Wahrheit und schenken ihm unsere allerklarste Aufmerksamkeit; wir werden eins mit ihm. Die Blume blüht, weil Sonnenlicht ihre Knospe berührt und wärmt und eins mit ihr wird. Meditation offenbart nicht eine Vorstellung von Wahrheit, sondern eine direkte Sicht der Wahrheit selbst. Dies nennen wir Einsicht, die Art von Verstehen, die auf Aufmerksamkeit und Konzentration beruht.

Denken ist, aus dem Warenlager des Erinnerungsvermögens Klötze verkohlter Vorstellungen zu holen, um daraus Denkmale zu bauen. Wir nennen diese Hütten und Schlösser „Gedanken". Aber derartiges Denken hat von sich aus keinen kreativen Wert. Nur wenn erleuchtet durch Verständnis, nimmt das Denken richtige Wirklichkeit an. Einsicht entsteht nicht als Ergebnis des Denkens. Sie ist das Ergebnis eines langen Prozesses bewußten Gewahrseins. Manchmal kann man Einsicht in Gedanken übersetzen , aber oft sind Gedanken zu starr und zu begrenzt, um viel Einsicht zu tragen. Manchmal drückt ein Blick oder ein Lachen Einsicht viel besser aus, als Worte oder Gedanken.

Hast Du je ein Buch gelesen oder einen Film gesehen über Bienen? Wenn eine Arbeitsbiene einen Hügel findet, der mit Blumen bedeckt ist, fliegt sie zurück zu dem Bienenstock, um ihren Genossen genau anzugeben, wo die Blumen sind, und dies macht sie mit einem Tanz.

Sie kann ihnen sogar von Plätzen berichten, die recht weit entfernt sind. K. von Frisch hat uns darüber aufgeklärt, nachdem er die Ausdrucksweise des Tanzes der Bienen studiert hatte.(8)

Wir Menschen wissen auch, wie man tanzen kann. Manche von uns tanzen mit ihren Körpern, andere mit Malerei oder Musik. Selbst unsere gesprochenen und geschriebenen Worte sind nichts anderes, als Schritte eines Tanzes, die Noten eines Liedes, die Pinselstriche eines Gemäldes. Sie können mehr oder weniger geschickt sein. Sie können unsere Vorstellungskraft schlecht oder gut übertragen. Das Können liegt nicht nur in den Händen des Künstlers oder in den Worten des Sprechers; auch der Zuhörer muß geschickt und wahrnehmungsfähig sein. Mit Worten ist es besonders schwierig, den vorstellungsmäßigen Einschränkungen zu entkommen; und selbst, wenn der Redner sie geschickt vermeidet, kann doch der Zuhörer in ihre Fallen geraten. Erinnerst du dich noch der leeren Flaschen? Sie hatten festbestimmte Formen und Grössen, schon bevor sie gefüllt wurden. Leute, die Zen praktizieren, empfehlen oft, keine Worte zu gebrauchen. Das erfolgt nicht, um Worte in Verruf zu bringen, sondern um die Gefahr zu vermeiden, daß man in sie vernarrt wird. Es erfolgt, um uns zu ermutigen, Worte so geschickt wie möglich zum Nutzen derer zu gebrauchen, die sie hören.

Im zweiten Jahrhundert schrieb Nagarjuna die Madhyamika Sastra, in der er Vorstellungen benützte, um Vorstellungen zu zerstören. Er versuchte nicht, eine neue Lehre hervorzubringen, sondern alle die Flaschen, alle die Vasen, alle Behälter und Behältnisse zu zerbrechen, um zu zeigen, daß Wasser, um zu existieren, keine Form braucht. Er skizzierte einen Tanz für uns, einen Tanz, damit wir unsere Kategorien und Barrieren fallen lassen, damit wir die Wirklichkeit direkt erfahren und uns nicht zufrieden geben nur mit ihrer bloßen Reflexion.

Wissen ist ein Hindernis für Einsicht

Die großen Entdeckungen der Wissenschaft sind eher das Ergebnis des Begreifens, als des Denkens. Nicht nur ihr Intellekt und Laboratorien sind die Werkzeuge der Wissenschaftler; ihr ganzes Sein bis in die innersten Tiefen ist angestrengt bei der Arbeit. Der Intellekt bereitet den Boden des Geistes und pflanzt dort die Samen. Bis die Samen sprießen, kann der Intellekt nichts mehr tun. Es dennoch versuchen zu wollen, würde ein Umhertappen im Leeren bedeuten. Dann, in unerwarteten Augenblicken, senden die Samen Schößlinge empor in die Intelligenz. Gewöhnlich kommen diese Augenblicke, weil der Wissenschaftler sie „ausgebrütet" hat. Er oder sie ist über dem Problem „gesessen" beim Wachen, Schlafen, Essen, Gehen, bis plötzlich die Lösung da war! Die neue Lösung sprengt das alte Wissen, und der Intellekt ist gezwungen, die gegenwärtigen Strukturen zu zerbrechen, um die zukünftigen aufzubauen. Das alte Wissen ist das Hindernis für das neue Verständnis; der Buddhismus nennt es „die

Schranke, aufgebaut aus Wissen". Wie diejenigen, die erwacht und erleuchtet sind, haben große Wissenschaftler große innere Veränderungen durchgemacht. Wenn es ihnen möglich ist, tiefe Einsichten zu gewinnen, dann wegen ihrer stark entwickelten Kräfte von Beobachtung, Konzentration und Gewahrsein.

Begreifen ist nicht eine Ansammlung von Wissen. Im Gegenteil, es ist das Ergebnis des Kampfes, von Wissen frei zu werden. Begreifen zerstört altes Wissen, um Platz zu machen für das Neue, das besser mit der Wirklichkeit übereinstimmt. Als Kopernikus entdeckte, daß die Erde sich um die Sonne bewegt, mußte das meiste vom astronomischen Wissen der Zeit aufgegeben werden, einschließlich der Ideen von oben und unten. Heute kämpft die Physik mutig, um sich von den Ideen von Identität und Ursache und Wirkung, auf die sich die klassische Wissenschaft stützt, zu befreien. Die Wissenschaft, ebenso wie das Tao (Der Weg), drängen uns, alle vorgefaßten Meinungen und Begriffe aufzugeben.

Als Shakyamuni Buddha den Begriff des „nicht Selbst" herausstellte, brachte er viele Vorstellungen über Leben und Universum durcheinander. Er vernichtete unsere allerfesteste und weitverbreitetste Überzeugung-diejenige von einem fortdauernden Selbst. Diejenigen, welche „nicht-Selbst" verstehen, wissen, daß seine Aufgabe ist, das „Selbst" zu besiegen, und nicht, es durch ein neues Konzept der Wirklichkeit zu ersetzen. Der Begriff von „nicht Selbst" ist eine Methode, nicht ein Ziel. Wenn es zu einem Konzept wird, muß es mit allen anderen vernichtet werden.

Einsicht wird bei Menschen übersetzt in Vorstellungen, Gedanken und Worte. Einsicht ist nicht eine Gesamtheit von Stückchen von Wissen. Es ist eine direkte und unmittel- bare Durchdringung. Im Bereich von Empfindungen ist es Gefühl. Im Bereich des Intellekts ist es Wahrnehmung. Es ist eher eine Intuition, als der Höhepunkt von Schlußfolgerungen. Hin und wieder ist es in uns voll gegenwärtig und wir merken, daß wir es nicht in Worten, Gedanken oder Vorstellungen ausdrücken können. „Unfähig, es zu beschreiben", das ist in diesen Augenblicken unsere Situation. Im Buddhismus spricht man über derartige Einsichten als „unmöglich zu begründen, zu erörtern, oder in Lehren oder Gedankensysteme einzugliedern."

Wer weiß?

Wir rühmen uns unseres Wissens, das wir als Menschen erreicht haben. Dieses sind die Schätze unserer Spezies, übermittelt seit Beginn der Zeit, als wir „anorganisch" waren, an der Schwelle begriffen, „organisch" zu werden. Wenn wir über „Wissen" sprechen, denken wir gleich an Menschen mit den großen Gehirnen und vergessen dabei, daß Wissen in allen Spezies gegenwärtig ist, selbst bei denen, die wir als unbelebt ansehen. Sicherlich, Bienen, Spinnen und Wespen sind sehr geschickt - sie bauen wunderbare Strukturen. Wenn wir einen Bienenstock oder ein Spinnennest ansehen, anerkennen wir ihr Können, aber wir sagen: „Diese Species wissen nicht, wie man denkt. Sie können nicht rechnen. Sie können nicht Projekte planen und ausführen. Sie haben keine Intelligenz. Alles, was sie haben, ist Instinkt." Jedoch, es waren nicht wir Menschen, die ihnen Nester gaben und Netze, es waren die kleinen „hirnlosen" Kreaturen selbst, welche diese erstaunlichen Architekturen entwickelten und bauten, die wir so bewundern. Wenn sie nicht wissen, dann wer überhaupt? Natürlich wissen sie. Ihre Art hat in ihrer Evolution dieses Wissen erworben.

Auch wenn wir Pflanzen ansehen, begegnen wir Wundern des Wissens. Der Apfelbaum weiß, wie man Wurzeln, Zweige, Blätter, Blüten und Früchte macht.Du sagst,daß der Apfelbaum, da er keine Intelligenz hat, keine andere Wahl hat. Aber deine Rippen, deine Drüsen,dein Rückgrat, hast du sie mit deiner Intelligenz geschaffen? Es ist das Werk des „Wissens", das alles umfaßt, einschließlich unserer Fähigkeit zu denken.

Wissen im blauen Himmel

Laßt uns versuchen, uns von unseren Begriffen vom Selbst wegzubewegen und eine Art Sprache zu verwenden, in der das Subjekt abwesend ist. Zum Beispiel sagen wir, „es regnet". „Es" ist das Subjekt, aber das sagt uns in der Tat nichts. Wir können sagen, „der Regen fällt". „Regen" ist das Subjekt und „fällt" das Verb. Aber auch dieser Satz gibt wenig Sinn, denn wenn es regnet, muß es Wasser geben, das fällt, sonst ist es kein Regen. So können wir sagen „Regen in London", oder „Regen in

Chicago", ohne ein Subjekt zu benützen, und die Wirklichkeit kommt deutlich zum Ausdruck.

Benützen wir jetzt das Wort „Wissen" auf diese Art. „Wissen in dem menschlichen Wesen". „Wissen in der Biene". „Wissen im Apfelbaum". Es klingt fremdartig, weil wir gewohnt sind, wenn wir sprechen, ein Subjekt zu benützen. Das Wort „Wissen" kann hier entweder ein Subjekt oder ein Verb sein, wie bei „Regen in London" oder „Regen in Chicago". Wenn „Regen in London" bedeutet, daß es in London Regen gibt, dann bedeutet „Wissen in dem menschlichen Wesen", daß es Wissen in dem Menschen gibt, nichts ist in den Schatten gestellt!

Nach meiner Überzeugung ist Verständnis überall gegenwärtig, ständig dabei, sich zu entfalten. Wissen in Fred, Wissen in Rachel, Wissen in einer Biene, Wissen in einem Apfelbaum, Wissen im Nichts, Wissen in der Milchstraße. Wenn wir sagen können „Regen in Chicago", dann gibt es keinen Grund, daß wir nicht auch sagen könnten, „Wissen im blauen Himmel". (9) Ein Zen-Meister könnte während der Leitung einer einwöchigen Seminarklausur über die Praxis des nicht-Selbst den Teilnehmern empfehlen, nur noch diese Sprache, ohne Subjekte zu benützen. Ich bin sicher, daß diese Methode ausgezeichnete Ergebnisse zur Folge hätte.

Es gibt Wissen im Wind

Erfreuen wir uns für einen Augenblick mit einem Tanz, damit wir besser „Wissen" verstehen. Angenommen, ich sage: „ich weiß, daß es windig ist". „Ich" bezieht sich dabei mehr auf meinen Geist als auf meinen Körper, sodaß der Satz eigentlich bedeutet: „mein Geist weiß, daß es windig ist". Der Geist ist der Wissende, sodaß wir damit tatsächlich sagen, „der Wissende weiß, daß es windig ist". „Der Wissende" ist das Subjekt, „weiß" ist das Verb und „ es ist windig" ist das Objekt. Aber es ist sonderbar, zu sagen, „der Wissende weiß", nicht wahr? Wir nehmen an, daß der Wissende eine Wesenheit ist, die unabhängig von ihrem Objekt existiert und welche sich in unserem Gehirn aufhält und kurze Ausflüge in die „äußere Welt" macht, um zu sehen, was da draußen geschieht. Gerade so, wie wir ein Richtmaß benützen, um etwas zu vermessen, machen wir unseren Geist passend für ein vorweggenommenes Muster, eines, das von unserem Geist selbst geschaffen wurde. Was wir „Geist" nennen, ist deshalb nicht reiner und echter Geist. Es ist verstrickt in Vorstellungen.

Wenn wir sagen: „ich weiß, der Wind weht", dann denken wir nicht, daß es da etwas anderes gibt, das weht. „Wind" gehört zu „wehen". Wenn es kein Wehen gibt, dann gibt es keinen Wind. Dasselbe gilt für Wissen. Der Geist ist der Wissende; der Wissende ist Geist. Wir sprechen über Wissen in Bezug auf Wind. „Wissen" heißt, etwas wissen. Wissen ist untrennbar von dem Wind. Wind und Wissen sind eines. Wir können sagen „Wind", und das ist schon genug. Die Gegenwart von Wind deutet auf die Gegenwart von Wissen und die Gegenwart der Handlung und Wirkung des Wehens. Wenn wir den Satz: „Ich weiß, der Wind weht" einfach zurückführen auf „Wind", können wir grammatikalische Fehler vermeiden und der Wirklichkeit näher kommen. Wir haben uns im täglichen Leben an eine Art zu denken und uns zu äußern gewöhnt, die auf der Vorstellung beruht, daß jegliches Ding unabhängig ist von jedem anderen.

So gerichtetes Denken und Sprechen hat es schwer, nicht-dualistische, nicht-unterscheidende Wirklichkeit zu durchdringen, eine Wirklichkeit, die nicht erfaßt sein kann in Vorstellungen.

Jede Tätigkeit ihr eigenes Subjekt

Der Wind weht. Der Regen fällt. Der Fluß fließt. In Sätzen wie diesen können wir deutlich sehen, daß das Subjekt und das Verb ein und dasselbe sind. Es gibt keinen Wind ohne „wehen", keinen Regen ohne „fallen", kein Fluß ohne „fließen". Wenn wir es genau betrachten, können wir sehen, daß das Subjekt der Tätigkeit in der Tätigkeit ist, daß die Tätigkeit selbst genau ihr eigenes Subjekt ist.

Das allumfassendste Verb ist das Verb *sein*: ich bin, du bist, der Berg ist, ein Fluß ist. Das Verb „sein" bringt nicht den dynamischen Lebenszustand des Universums zum Ausdruck. Um dies auszudrücken, müssen wir sagen „werden". Diese beiden Verben können also als Substantive verwendet werden: „Sein", „Werden". Aber was sein? Was werden? „Werden" bedeutet „unaufhörlich entstehen" und ist ebenso allumfassend, wie das Verb „sein". Es ist nicht möglich, das „Sein" einer Erscheinung und ihr „Werden" auszudrücken, als ob die beiden voneinander unabhängig wären. Im Falle des Windes ist „wehen" das Sein und das Werden. Beim Regen ist sein Sein und Werden das „Fallen". Für den Fluß ist „fließen" sein Sein und Werden.

Wir sagen, daß „der Regen fällt", aber „fallen" ist nicht der allergenaueste Ausdruck. Schnee, Blätter und sogar Strahlung fällt auch. Wenn wir sagen würden „regnen", dann wäre dies eine genauere Beschreibung der Aktivität des Subjekts „Regen". Wir können sagen: „der Regen regnet", um diese Tätigkeit zu beschreiben, wobei wir „Regen" sowohl als Subjekt als auch als Verb benützen. Oder wir können einfach sagen „es regnet", oder nur: „Regen". In gleicher Weise können wir sagen: „der Maler malt", „der Leser liest", „der Meditierende meditiert".

Folgen wir diesem Muster des Sprachgebrauchs, so können wir auch sagen: „der König königt", „der Berg bergt", „die Wolke wolkt". Der Anlaß für die Existenz des Königs ist, König zu sein, König zu spielen. Die Erklärung für die Existenz des Berges ist, zu sein, zu handeln, zu tun Berg. „Handelnd-Sein" König bedeutet, tun, was ein König tut - herrschen über Leute, königliche Audienzen gewähren, und tausend andere Dinge. Wie im Fall des: „Regen regnet" können wir einfach sagen: „der König königt". Dann ist das erste Wort das Subjekt und das zweite das Verb, ein Verb, das nicht universal ist, ein Verb, das nur für Könige benützt wird. So wird jedes Subjekt ein Verb, und das Verb ist das Sein des Subjektes. Für unsere Ohren klingt: „der Maler malt" besser als: „Der König königt", aber tatsächlich liegt da kein Unterschied vor.

Vor vielen, vielen Jahren benützte Confuzius diese Art Sprache. Er sagte „König königt, Subjekt subjektet, Eltern eltern, Kind kindet". Das heißt: „der König ist-tut König", „das Subjekt ist-tut Subjekt", und so fort. Wir können weitere Erklärungen hinzufügen wie: „der König muß seine Pflicht als König tun", oder: „ein König muß getreu als König dienen", aber letzten Endes tragen diese Hinzufügungen und Ausschmückungen zu nichts bei. Wenn wir gesehen haben, daß jede Tätigkeit ihr eigenes Subjekt ist, können wir die ungeheuer große Anwendung des Wortes „Wissen" zu verstehen beginnen.

Unbelebte Objekte, habt ihr denn eine Seele?

Wir sind so gewohnt, uns „Wissen" im Sinne von Gefühlen und Wahrnehmungen vorzustellen, daß wir anorganische Objekte als „unbelebt, empfindungslos, völlig ohne Intelligenz" klassifizieren. Aber diese Dinge sind nur von unserem Standpunkt aus unbelebt. Ein Felsen ist gebildet aus zahllosen Molekülen, welche ihrerseits wieder aus unzähligen atomaren und subatomaren Teilchen zusammengesetzt sind, die alle durch elektromagnetische und nukleare Kräfte zusammengehalten werden. Atome sind nicht leblose Stückchen fester, träger Masse. Sie sind gewaltige leere Räume, in welchen unendlich kleine Teilchen (Protonen, Elektronen, Neutronen usw.) mit ungeheuren Geschwindigkeiten sich in ständiger Bewegung befinden. Warum verhalten sie sich auf diese Weise? Können wir immer noch sagen, daß ein Felsen „träge, leblos, empfindungslos" ist? Der Dichter Lamartine fragte einmal: „Unbelebte Objekte, habt ihr denn eine Seele?". Wenn wir Seele nach unseren Ideen und Lehren definieren, dann haben sie ohne Zweifel keine, oder sie manifestieren sie zumindest nicht. Aber im Sinne einer dynamischen, lebenden Realität tun sie es sicher!

„Das Wissen„ offenbart sich selbst auf vielfältige Weise. „Wissen" kann aktiv sein, immer, wenn es Hören, Sehen, Fühlen, Vergleichen, Erinnern, Vorstellen, Nachdenken, Aufregen, Hoffen usw. gibt. In der Vijñanavadin Richtung des Buddhismus, die sich auf die Untersuchung des „Bewußtseins" spezialisierte, werden noch viel mehr Bereiche von Handlungen dem Wissen zugeschrieben. In alayavijñana, oder „Speicher-Bewußtsein", sind zum Beispiel Bereiche der Aktivität des „Wissens": „aufrechterhalten, bewahren, und offenbaren".

Nach den Vijñanavadins entstehen alle Empfindungen, Wahrnehmungen, Gedanken und Kenntnisse aus diesem maßgebenden „Speicher-Bewußtsein". Manyana ist einer der Wege des Wissens, welcher auf diesem Bewußtsein basiert, und seine Funktion ist es, nach dem Objekt zu greifen und es als „Selbst" zu nehmen. Manovijñana dient als Hauptquartier für alle Empfindungen, Wahrnehmungen und Gedanken, und macht Schöpfung, Vorstellung ebenso wie Zergliederung der Wirklichkeit möglich. Amala ist das Bewußtsein, das wie ein reines weißes Licht auf das Speicher-Bewußtsein scheint. (11)

In jedem Phänomen, gleichgültig, ob es psychologisch, physiologisch oder physikalisch ist, gibt es dynamische Bewegung, Leben. Wir können sagen, daß diese Bewegung, dieses Leben die universale Manifestation, die allgemein am meisten beachtete Tätigkeit des Wissens ist. Wir müssen „Wissen" nicht als etwas von aussen Stammendes ansehen, das kommt, um dem Universum Leben einzuhauchen. Es ist das Leben des Universums selbst. Der Tanz und der Tänzer sind eines.

Du weißt natürlich, daß ich dies alles nicht gesagt habe zum Spaß, um mit Wörtern zu spielen und für deine Unterhaltung zu sorgen. Dies sind Werkzeuge, welche wir verwenden können, um unsere übliche und störende Art des Denkens zu erschüttern und zu sprengen - alte Gewohnheiten, geformt durch unser Alltagsleben.

Dies sind Meißel und Brecheisen und Äxte, um unsere Einrichtung abzubrechen oder Bäume zu spalten zu Holzklötzen für das Feuer. Um einen Klotz zu spalten, mußt du einen Keil in einen Riß setzen und ihn eintreiben bis der Klotz allmählich entzwei geht. Dies zu lesen mag in gleicher Weise einen Keil in dich treiben, je nach deinem Interesse und deiner Meditationspraxis. Wenn das, was ich gesagt habe, für dich nicht klar sein sollte, so kann es davon herrühren, daß du noch nicht gewohnt bist, etwas in dieser umgekehrten Weise zu betrachten. Vielleicht ist es das erstemal, daß du ermuntert wurdest, die Wirklichkeit mit einem nicht-unterscheidenden Geist zu untersuchen. Oder es mag sein, daß mein Tanzen immer noch zu ungeschickt ist. Aber das macht nichts. Wir werden versuchen, einen anderen Weg zu finden. Wenn wir durch eine bestimmte Türe nicht hereinkommen, gibt es noch viele andere, wo wir es versuchen können. Im Buddhismus sagt man, daß es 84 000 Türen gibt, um zu dem Dharma zu kommen. Ich meine, wir müssen sogar noch mehr erfinden. Das Wichtige ist, in die Wirklichkeit „hineinzusehen", nicht das zu verstehen, was ich sage. Meine Worte können nur Hinweise sein auf einen erweckenden Tanz, ein Fingerzeig. Du mußt mit deinen eigenen Augen sehen, mit Augen, die in vollem Gewahrsein geöffnet sind.

Ich hoffe, du gehst nicht hin und formst meine Worte in Begriffe um, - neue Begriffe - die in deinem Inneren gespeichert werden können. Ich möchte dir nicht irgend etwas geben. Ich möchte nur für dich tanzen, so wie die Biene. Wenn du etwas siehst, dann mußt du realisieren, daß du selbst es gesehen hast. Es ist in dir, nicht in meinem Tanz. Bitte geh und setze dich neben ein schlafendes Kind. Schau das Kind an. Oder geh in dein Gärtchen und setz dich zu Füßen eines Apfelbaums. Oder geh in die Küche und mache dir eine Tasse Tee. Was immer du machst, mach es in voller Achtsamkeit, in vollem Gewahrsein. Verliere dich nicht in Vergeßlichkeit. Bitte denke überhaupt nicht daran, eins mit dem Kind, dem Baum, dem Tee zu werden. Es gibt keinen Grund, überhaupt zu denken. Prüfe dich selbst mit dem Kind, prüfe dich mit dem Baum, prüfe dich mit dem Tee - mit einem kleinen Lächeln auf den Lippen.

3. Kapitel

In einem Staubteilchen das Universum

Geist und Objekt sind eines

Neulich, als ich am Nachmittag zu meiner Hütte zurückkehrte, schloß ich alle Türen und Fenster, weil es so windig war. Heute morgen ist mein Fenster offen, und ich kann den kühlen, grünen Wald sehen. Die Sonne scheint, und ein Vogel singt wunderbar. Die kleine Thuy ist schon zur Schule gegangen. Ich muß einen Augenblick mit Schreiben innehalten, damit ich zu den Bäumen blicken kann, die sich über dem Berghang erstrecken. Ich bin mir ihrer und meiner eigenen Gegenwart gewahr. Es ist nicht immer nötig daß wir, um konzentriert zu sein, unsere Sinnestore schließen. Um Konzentration auf Atem oder auf ein anderes Objekt einfacher zu machen, können Meditierende im Anfangsstadium es vorteilhaft finden, ihre Augen- und Ohren-Fenster zu schließen; doch ist Konzentration auch möglich, wenn diese Fenster offen sind. Sinnesobjekte existieren nicht nur außerhalb des Körpers. Selbst wenn wir nicht sehen, hören, riechen oder spüren, können wir doch nicht die Gefühle innerhalb unserer Körper unbeachtet lassen. Wenn du Zahnweh hast oder einen Krampf im Bein, dann fühlst du den Schmerz. Wenn alle deine Organe gesund sind, dann empfindest du ein Wohlgefühl. Der Buddhismus spricht von drei Arten von Gefühlen: angenehmen, unangenehmen und neutralen. Doch in Wirklichkeit können sogenannte neutrale Gefühle recht angenehm sein , wenn wir nur ihrer gewahr sind.

Die Gefühle innerhalb des Körpers sind ein unaufhörlicher Strom, gleichgültig, ob wir ihrer gewahr sind, oder nicht; deshalb ist das „Schließen aller unserer Sinnes-Tore" in Wirklichkeit nicht möglich. Selbst wenn wir irgendwie in der Lage wären, sie zu verbarrikadieren, würde der Geist und das Bewußtsein weiter arbeiten und aus unserem Gedächtnis würden uns Bilder, Vorstellungen und Gedanken aufsteigen. Meditieren wäre, so denken manche Menschen, uns von der Welt der Gedanken und Gefühle abzutrennen und zurückzukehren zu einer Art reinem Zustand, in dem der Geist als solcher Betrachtung hält und „reiner Geist" wird. (12) Das ist eine hübsche Idee, aber vom Ansatz her irreführend. Nachdem Geist nicht getrennt ist von der Welt der Gedanken und Gefühle, wie sollte er dann fortgehen und sich in sich selbst zurückziehen? Wenn ich auf die Bäume sehe, die vor mir stehen, dann geht mein Geist nicht aus mir heraus in den Wald, und er öffnet auch nicht eine Türe, um die Bäume herein zu lassen. Mein Geist richtet sich auf die Bäume, aber sie sind nicht ein abgesondertes Objekt. Mein Geist und die Bäume sind eins. Die Bäume sind nur eine der wunderbaren Manifestationen des Geistes.

Wald.
Tausende von Baum-Körpern und meiner.
Blätter winken,
Ohren, die den Ruf des Flußes vernehmen,
Augen schauen den Himmel des Geistes,

Ein Halb-Lächeln entfaltet sich auf jedem Blatt.
Hier ist ein Wald,
Weil ich hier bin.
Doch der Geist ist dem Wald gefolgt
Und hat sich in Grün gekleidet.

Der Weise geht in Samadhi, und er oder sie weiß nicht, daß es eine äußere Welt gibt, aus der man sich heraus halten soll, oder eine innere Welt, die man ergründen soll. Die Welt offenbart sich selbst, selbst wenn die Augen geschlossen sind. Die Welt ist weder innen noch außen. Sie ist wesentlich und vollständig in jedem Objekt der Kontemplation - dem Atem, der Nasenspitze, einem kung-an, oder irgend etwas anderem, mag es so klein wie Staubteilchen oder so riesig wie ein Berg sein. Was immer das Objekt auch sei, es ist nicht losgelöst von der letzten Wirklichkeit. In Wahrheit enthält es die umfassende Gesamtheit der Wirklichkeit.

Klein ist nicht innen, groß ist nicht außen

Ich möchte dich einladen, mit mir zu meditieren. Setze dich bitte in eine Haltung, welche dir zu entspannen erlaubt, sodaß du es bequem hast, und richte deine Aufmerksamkeit auf dein Atmen, und laß sie ganz fein, ganz leicht werden. Nach einigen Augenblicken richte dann deine Aufmerksamkeit auf die Gefühle in deinem Körper. Wenn du irgend einen Schmerz fühlst oder Unwohlsein, oder wenn du irgend etwas Angenehmes empfindest, so bringe deine Aufmerksamkeit dorthin und genieße die Empfindung mit deinem ganzen erwachten Bewußtsein. Bemerke nach einer Weile das Arbeiten deiner verschiedenen Organe - Herz, Lungen, Nieren, Verdauungssystem, usw.. Normalerweise arbeiten diese Organe ohne Schwierigkeit und lenken deine Aufmerksamkeit nicht auf sich, es sei denn, daß sie schmerzen. Bemerke, wie das Blut fließt wie ein Fluß auf dem Land, der die Felder mit frischem Wasser nährt.

Du weißt, daß dieser Fluß mit Blut alle die Zellen deines Körpers nährt, und daß deine Organe, die aufgebaut sind aus Zellen, das Blut anreichern (Verdauungssystem), reinigen (Leber, Lunge) und vorwärtstreiben (Herz). Alle die Organe des Körpers, einschließlich des Nervensystems und der Drüsen verlassen sich aufeinander zu ihrer Existenz. Die Lungen sind notwendig für das Blut, so gehören die Lungen zum Blut. Blut ist notwendig für die Lungen, deshalb gehört Blut zu den Lungen.In gleicher Weise können wir sagen, daß Lungen zum Herz gehören, die Leber zu den Lungen usw., und wir sehen, daß jedes Organ im Körper die Existenz aller anderen voraussetzt.Man nennt dies in der Avatamsaka Sutra „die gegenseitige Abhängigkeit aller Dinge, oder „interbeing" (intersein). Ursache und Wirkung werden nicht mehr wahrgenommen als linear, sondern als Netz, nicht zweidimensional, sondern als ein System zahlloser Netze, in allen Richtungen miteinander verwoben in einem multidimensionalen Raum. Nicht nur, daß alle Organe in sich selbst die Existenz aller anderen Organe enthalten, auch jede Zelle enthält in sich alle anderen Zellen. Eines ist gegenwärtig in allen und alle sind gegenwärtig jedem Einzelnen. Dies wird in der Avatamsaka Sutra deutlich zum Ausdruck gebracht mit „Eines ist Alles, Alles ist Eines".

Wenn wir dies voll verstehen, dann sind wir befreit von der Fallgrube des Denkens in „eins" und „viele", einer Gewohnheit, die uns so lange gefangen hielt. Wenn ich sage: „Eine Zelle enthält alle anderen Zellen in sich", dann versteh mich nicht falsch und denke nicht, daß es irgendwelche Möglichkeiten gibt, das Volumen einer Zelle so auszudehnen, daß sie alle anderen in sich enthalten kann. Ich wollte sagen, daß die Gegenwart einer Zelle das Vorhandensein aller anderen Zellen voraussetzt, weil sie nicht unabhängig und getrennt voneinander existieren können. Ein Vietnamesischer Zen Meister sagte einmal: „Wenn es dieses bißchen Staub nicht geben würde, könnte das ganze Universum nicht existieren". (13)

Wenn ein erleuchteter Mensch auf ein bißchen Staub blickt, sieht er das ganze Universum. Menschen, die zu meditieren beginnen, sind in der Lage, dies durch Betrachtung und Nachdenken zu verstehen, obwohl sie es nicht so deutlich sehen können wie einen Apfel in ihrer Hand. Die Avatamsaka Sutra enthält Sätze, die Leser, die nicht über das Prinzip der gegenseitigen Abhängigkeit meditiert haben, erschrecken und verwirren können. „In jedem Teilchen Staub sehe ich unzählige Buddha-Welten, in jeder dieser Welten sehe ich unzählige Buddhas strahlen, ihre kostbaren Auras leuchten". „Eine Welt in alle Welten stellend, alle Welten in eine Welt stellend". „Unzählige Berge Sumeru können an einem Ende eines Haares aufgehängt sein". In der Welt der Erscheinungen hat es den Anschein, daß Dinge als getrennte Einheiten an spezifischen Orten existieren: „Dieses" außerhalb von „jenem". Doch wenn wir das Prinzip der gegenseitigen Abhängigkeit ganz durchschauen, dann sehen wir, daß der Eindruck der Getrenntheit unrichtig ist. Jedes Objekt ist zusammengesetzt und enthält zugleich alle anderen. Im Licht der Meditation über gegenseitige Abhängigkeit bricht die Vorstellung von „eins/ viele" zusammen und reißt damit auch alle anderen wie „groß/klein",

„innen/außen" fort. Nachdem er dies erkannt hatte, äußerte der Dichter Nguyen Cong Tru:

In dieser Welt und in den Welten jenseits davon,
Ist Buddha unvergleichlich!
Klein ist nicht innen.
Groß ist nicht außen. (14)

Die Sonne, mein Herz

Nachdem wir nun erkannt haben, daß in unseren Körpern „Eines ist alle, alles ist eines", laßt uns einen Schritt weiter gehen und über die Gegenwart des ganzen Universums in uns selbst meditieren. Wir wissen, wenn unser Herz aufhört zu schlagen, wird der Fluß unseres Lebens zum Stillstand kommen, und deshalb legen wir großen Wert auf unser Herz. Doch nehmen wir uns nicht oft die Zeit, um festzustellen, daß es andere Dinge, außerhalb unseres Körpers, gibt, die auch für unser Überleben wichtig sind. Betrachten wir das ungeheuer große Licht, das wir Sonne nennen. Wenn sie aufhören würde zu scheinen, würde der Fluß unseres Lebens auch zum Stillstand kommen, und deshalb ist die Sonne unser zweites Herz, unser Herz außerhalb unseres Körpers. Dieses ungeheuer große Herz gibt allem Leben auf Erden die zur Existenz nötige Wärme. Die Pflanzen leben dank der Sonne. Die Blätter absorbieren die Energie der Sonne, um, zusammen mit dem Kohlendioxyd der Luft, Nahrung für die Bäume, Pflanzen und Plankton zu machen. Und dank der Pflanzen können wir und andere Tiere leben. Wir alle - Menschen, Tiere, und Pflanzen - „verzehren" die Sonne, direkt oder indirekt.

Wir können nicht anfangen, alle Wirkungen der Sonne, unseres großen Herzen außerhalb unseres Körpers, zu beschreiben. In Wirklichkeit ist unser Körper nicht auf das begrenzt, was innerhalb der Grenzen unserer Haut sich befindet. Unser Körper ist viel größer, viel viel ausgedehnter. Wenn die Schicht von Luft um unsere Erde auch nur für einen Augenblick verschwinden würde, würde „unser" Leben enden. Es gibt keine Erscheinung im Universum, die nicht aufs engste uns betreffen würde, angefangen von einem Luftbläschen am Grunde des Meeres bis zur Bewegung einer Galaxie, Millionen von Lichtjahren entfernt. Der Dichter Walt Whitman sagte:" Ich glaube, daß ein Blatt Gras nicht weniger ist, als das Reise-Werk der Sterne...". Diese Worte sind nicht Philosophie. Sie kommen aus der Tiefe seiner Seele. Er sagte: „Ich bin groß, ich enthalte Vielheiten." (15)

Gegenseitiges Sein und gegenseitige Durchdringung

Die Meditation, die ich eben angeregt hatte, könnte auch bezeichnet werden mit „Endlos ineinander verwobenes gegenseitiges Sein", also Meditation über die Manifestation aller Phänomene als voneinander abhängig. Diese Meditation kann uns helfen, frei zu werden von den Vorstellungen von „Einheit/Vielfalt" oder „eines/alle". Diese Meditation kann die Vorstellung von „mir" auflösen, weil das Konzept des Selbst aufgebaut ist auf dem Gegensatz von Einheit und Verschiedenartigkeit. Wenn wir an ein Teilchen Staub denken, oder an eine Blume oder an einen Menschen, dann kann sich unser Denken nicht frei machen von der Vorstellung von Einheit, von eins, vom Rechnen. Wir ziehen eine Linie zwischen einem und vielem, zwischen einem und nicht-einem. Im täglichen Leben brauchen wir dies, ebenso, wie ein Zug ein Geleise braucht. Wenn wir aber das gegenseitig abhängige Wesen des Staubes, oder der Blume oder des Menschen wirklich erkennen, sehen wir, daß die Einheit nicht bestehen kann ohne Vielfalt. Einheit und Vielfalt durchdringen einander offen. Einheit ist Verschiedenheit. Dies ist der Grundsatz von gegenseitig- aufeinander-Bezogensein, von „intersein", und von gegenseitiger Durchdringung, von denen das Avatamsaka Sutra spricht.

Gegenseitig - aufeinander - Bezogensein bedeutet: „Dies ist das" und „Das ist dies". Gegenseitiges Durchdringen meint: „Dies ist in dem" und „Das ist in diesem". Wenn wir tief meditieren über aufeinander-Bezogensein und gegenseitig-Durchdringen, sehen wir, daß die Vorstellung von „eins/viele" nur eine geistige Theorie ist, die wir benützen, um die Wirklichkeit zu erfassen, ähnlich, wie wir einen Eimer benützen, um Wasser zu tragen. Wenn wir einmal den Einschränkungen dieser Theorie entronnen sind, dann sind wir wie ein Eisenbahnzug, der von seinen Rädern frei geworden, frei im Raum fliegen kann. Genau wie wenn wir uns vergegenwärtigen, daß wir auf einem kugelförmigen Planeten stehen, der sich um die eigene Achse und um die Sonne dreht, und (dadurch) unsere Vorstellung von oben und unten zerstört wird, so sind wir, wenn wir die gegenseitig abhängige Natur aller Dinge erkennen, befreit von der Vorstellung von „eins/viele".

In der Avatamsaka Sutra wird das Bild von Indras Juwelen-Netz benützt, um die unendliche Vielfalt von

Interaktionen und Überschneidungen aller Dinge zu zeigen. Das Netz ist aus einer unendlichen Vielfalt von funkelnden Juwelen gewoben, jeder einzelne mit unzähligen Facetten. Jeder Edelstein reflektiert in sich selbst jeden anderen Edelstein, und sein Bild widerspiegelt sich in jedem der anderen. In dieser Betrachtung enthält jeder Edelstein alle anderen Edelsteine.

Wir können auch ein Beispiel aus der Geometrie benützen. Stellen wir uns einen Kreis vor mit seinem Mittelpunkt „C". Der Kreis ist zusammengesetzt aus all den Punkten mit gleichem Abstand von „C". Den Kreis gibt es, weil alle die Punkte da sind. Wenn auch nur ein Punkt fehlt, dann verschwindet der Kreis sofort. Es ist wie mit einem Kartenhaus. Nimm eine Karte weg, und der Rest stürzt zusammen. Jede Karte ist abhängig von allen anderen, und ohne jede einzelne gäbe es kein Haus. Die Gegenwart eines Punktes des Kreises hängt von der Gegenwart all der anderen Punkte ab. Auch hier können wir sehen, daß „Eines alles ist, alle eines sind". Jeder Punkt des Kreises ist von gleicher Bedeutung. Jede Karte in dem Kartenhaus ist von gleicher Wichtigkeit. Jedes ist unbedingt notwendig für das Bestehen des Ganzen und deshalb auch für die Existenz aller anderen Teile. Dies ist gegenseitige Abhängigkeit.

Um uns das ineinander verwobene Wesen der Beziehungen, das das Bezeichnende des „Intersein" und von gegenseitig- Durchdringen illustriert, vorzustellen, können wir eine Kugel malen, die zusammengesetzt ist aus all den Punkten auf seiner Oberfläche und all den Punkten innerhalb seines Volumens. Es gibt extrem viele Punkte, aber ohne jeden einzelnen gibt es die Kugel nicht. Nun laßt uns vorstellen, daß wir jeden Punkt mit allen anderen Punkten verbinden. Zuerst verbinden wir Punkt A mit jedem der anderen Punkte. Dann verbinden wir Punkt B mit jedem anderen Punkt, einschließlich von A usw. bis alle Punkte miteinander verbunden sind. Wie ihr sehen könnt, haben wir jetzt ein extrem dichtes Netz gewoben, das alle Punkte miteinander verflicht.

„Der Bodhisattva sieht die gegenseitig voneinander abhängige Natur aller Dinge, sieht in einem dharma alle dharmas, sieht in allen dharmas ein dharma, sieht die Vielfalt in dem Einen und das Eine in der Vielfalt, sieht das Eine in dem Unermeßlichen und das Unermeßliche in dem Einen. Entstehen und Leben aller dharmas ist von veränderlichem Wesen und deshalb nicht real und kann die Erleuchteten nicht berühren". Wie ich bereits früher ausführte, gibt es in der heutigen Physik das „bootstrap-Konzept", das der Idee von „intersein" und gegenseitigem Durchdringen sehr nahe kommt. „bootstrap" gibt die Vorstellung von grundlegenden Material-Elementen auf. Das Universum ist ein Netzwerk von wechselseitig abhängigen Erscheinungen, in welchem jedes einzelne Phänomen gebildet ist von der Zuordnung auf alle anderen Erscheinungen. Das Universum ist eine dynamische Struktur wechselseitig voneinander abhängiger Geschehnisse, bei welchen keines das grundlegende Ding an sich darstellt. Was wir Teilchen nennen, sind nur gegenseitige Beziehungen zwischen den Teilchen selbst. (16)

Es könnte jemand fragen: „Obwohl ich dem zustimme, daß jedes Phänomen hinsichtlich Entstehung und Dauer von allen anderen Phänomenen abhängt, woher aber kommt dann das Ganze, der vollständige Körper mit allen Erscheinungen?" Kannst du ihm bitte darauf eine Antwort geben?

Meditation ist nicht Nachahmung, sondern Gestaltung. Meditierende, die nur ihre Lehrer nachahmen, können nicht weit kommen. Das gleiche gilt für Kochen wie für alles andere. Ein guter Koch ist jemand mit einem kreativen Geist. Du kannst zur Meditation über wechselseitige Abhängigkeit aller Phänomene über verschiedene Türen gelangen - indem du deine inneren Organe beobachtest: Blut, Herz, Gedärme, Lungen, Leber, Nieren; oder auf tausend anderen Wegen, einschließlich von Gedanken, Gefühlen, Bildern, Gedichten, Träumen, oder von einem Fluß, einem Stern, einem Blatt und so fort.

Ein guter Praktiker übt Meditation während des ganzen täglichen Lebens, ohne auch nur eine einzige Gelegenheit, einen einzigen Vorfall zu versäumen, um das Wesen abhängigen Gemeinsamentstehens in aller Deutlichkeit zu erkennen. Den ganzen Tag wird die Praxis in vollendeter Konzentration ausgeführt. Das Wesen der Meditation ist, unabhängig davon, ob die Augen offen oder geschlossen sind, nichts anderes als Samadhi. Du kannst die Vorstellung aufgeben, daß du deine Augen schließen mußt, um nach innen zu sehen und daß du sie öffnen mußt, um nach außen zu sehen. Ein Gedanke ist nicht mehr ein inneres Objekt, als ein Berg ein äußeres. Beide sind Objekte des Wissens. Keiner davon ist inner oder außer. Große Konzentration wird erreicht, wenn du voll gegenwärtig bist, in tiefer, enger Beziehung mit der lebendigen Realität. Zu diesen Zeiten verschwindet der Unterschied zwischen Subjekt und Objekt, und du durchdringst die lebendige Realität mit Leichtigkeit, bist eins mit ihr, weil du alle Mittel zum Messen des Wissens beiseite gestellt hast, eines Wissens, das der Buddhismus „irriges Wissen" nennt. (17.)

Es gibt Zeiten, wo wir, während wir zusehen, wie unsere Kinder spielen, über ihre Zukunft nachdenken. Wir wissen, daß das Leben angefüllt ist mit Verdruß, Ängsten, Hoffnungen und Enttäuschungen, und wir beunruhigen uns ihretwegen und denken mit Sorge über die vor ihnen liegenden Kämpfe. In genau in diesem Augenblick lassen wir uns ein auf unsere Kinder. Es ist leicht, unseren Weg zu ihnen zu finden, weil wir wissen, daß sie von unserem eigenen Blut sind.

Meditation ist dasselbe. Wenn wir über das Wesen wechselseitiger Abhängigkeit aller Dinge meditieren, können wir die Wirklichkeit leicht durchschauen und die Ängste, Qualen, Hoffnungen und Verzweiflung aller Wesen sehen. Wenn wir eine grüne Raupe über einem Blumenblatt erblicken, verstehen wir die Bedeutung der Raupe nicht einfach nur aus unserer selbstbezogenen Sicht der Dinge als Menschen, sondern aus dem Einfühlungsvermögen heraus, das beruht auf der wechselseitigen Abhängigkeit aller Dinge. Wenn wir die Kostbarkeit des Lebens jedes Seins erkennen, dürfen wir es nicht wagen, die Raupe ihres Lebens zu berauben. Wenn wir eines Tages eine Raupe zu töten haben, wird es uns vorkommen, als ob wir uns selbst töten würden, als ob etwas von uns selbst mit der Raupe sterben würde.

In früheren Zeiten gingen die Menschen auf die Jagd, um sich und ihre Familien zu ernähren. Sie taten es, um leben zu können. Sie töteten nicht einfach zum Spaß. Heutzutage gehen manche Leute zum Vergnügen auf die Jagd. Die wechselseitige Abhängigkeit aller Wesen ist nicht ein vom spirituellen und praktischen Leben entfernter philosophischer Scherz.

Der Meditierende, der Licht auf die wechselseitige Abhängigkeit aller Phänomene bringt, wird entdecken, daß das Leben aller Wesen eines ist, und er oder sie wird von Mitgefühl für sie alle überwältigt sein. Wenn du diese Liebe empfindest, dann weißt du, daß deine Meditation Früchte bringt. Betrachten und Lieben geht immer zusammen. Betrachten und Lieben ist eines. Oberflächliches Verständnis geht einher mit oberflächlichem Mitgefühl. Tiefes Verständnis wird begleitet von tiefem Mitgefühl.

Herzzerbrechen

Hast du schon einmal am Fernsehen eine wildlife show gesehen, wo Raubtiere andere Tiere als Futter gejagt haben? Der Tiger jagt die Antilope, oder die Schlange verschlingt einen Frosch. Diese Darstellungen sind voll von Spannung. Wir hoffen, daß die Antilope den Pranken des Tigers entrinnt, und daß der Frosch gerettet wird vor dem Giftzahn der Schlange. Es ist schmerzlich, zuzusehen, wie der Tiger die Antilope auseinanderreißt und wie der Frosch im Maul der Schlange verschwindet. Diese Art von Programm ist nicht erfunden - es ist wirkliches Leben. Uns verlangt nach dem Wohlbefinden des Frosches und der Antilope, doch wir bedenken kaum, daß der Tiger und die Schlange auch, um zu leben, fressen müssen. Wir Menschen essen Hühner, Schweine, Krebse, Fische und Kühe, und, wie der Tiger und die Schlange, sogar Antilopen und Frösche. Aber weil es schmerzlich ist, zuzuschauen, stellen wir uns auf die Seite des Opfers, und hoffen, daß es entkommt.

In solchen Fällen müssen wir als Meditierende ganz klar bleiben. Wir können keinen von beiden Standpunkten einnehmen, weil wir in beiden existieren. Manche Menschen können ungerührt bleiben oder sogar den Anblick, wie ein Tiger seine Beute zerreisst, genießen, aber die meisten von uns, die den Todeskampf fühlen, ergreifen die Partei des Opfers. Wenn ein derartiges Geschehen sich vor uns abspielen würde, würden wir versuchen, einen Weg zu finden, um die Antilope und den Frosch zu retten.

Doch müssen wir darauf achten, daß wir dies nicht nur machen, um unseren eigenen Schmerz zu vermeiden. Wir müssen auch die Qual des Tigers oder der Schlange empfinden, wenn sie ihrer Nahrung beraubt sind, und für sie Mitgefühl haben. Alle Wesen haben ums Überleben zu kämpfen. Je tiefer wir das Leben ergründen, desto mehr sehen wir seine Wunder, und desto mehr sehen wir seine herzzerbrechenden und erschreckenden Geschehnisse. Hast du das Leben einer Spinne beobachtet? Hast du einen Krieg mitgemacht? Hast du Folter, Gefängnis und Töten miterlebt. Hast du einen Piraten gesehen, der auf hoher See ein junges Mädchen raubt?

Versöhnung entspringt dem Herzen des Mitgefühls

Millionen von Menschen betreiben Sport. Wenn du gerne einem Fußballspiel zusiehst, dann bist du wahrscheinlich auf ein Team eingeschworen und identifizierst dich mit ihm. Du verfolgst die Spiele mit Verzweiflung und Begeisterung. Vielleicht machst du, um dem Ball weiterzuhelfen, selber mit deinem Fuß einen kleinen Stoß. Wenn du nicht Stellung beziehst, macht es keinen Spaß. In Kriegen beziehen wir Stellung, normalerweise die Stellung des Bedrohten. Friedensbewegungen entstehen aus diesem Gefühl heraus. Wir werden ärgerlich, wir brüllen herum, doch selten erheben wir uns über dies alles, um den Konflikt zu betrachten, wie eine Mutter zusieht, wenn ihre beiden Kinder miteinander streiten. Sie trachtet nur nach ihrer Versöhnung. Echte Bemühungen zur Aussöhnung müssen entstehen aus diesem Herzen des Mitgefühls, das entsteht aus der Meditation über das Wesen von „inter-sein" und „inter-Durchdringung" aller Wesen.

Wir können uns in unserem Leben glücklich schätzen, jemanden zu treffen, der Tiere und Pflanzen liebt. Vielleicht kennen wir auch Menschen, die, obwohl sie in gesicherten Umständen leben, erfassen, daß Hunger, Krankheiten und Unterdrückung Millionen Menschen auf dieser Erde vernichten, und die nach Wegen suchen, den Leidenden zu helfen. Sie können sie nicht vergessen, selbst inmitten der Zwänge ihres eigenen Lebens. Diese Menschen haben, zumindest in einem gewissen Maß, das Wesen wechselseitiger Abhängigkeit des Lebens erkannt. Sie wissen, daß das Überleben der unterentwickelten Länder nicht getrennt werden kann vom Überleben der materiell wohlhabenden, technisch fortgeschrittenen Länder.

Armut und Unterdrückung führen zu Krieg. In unseren Zeiten bringt jeder Krieg alle Länder in Gefahr. Das Schicksal jedes Landes ist verknüpft mit dem Schicksal aller anderen.

In einer Zivilisation, in der Technologie entscheidend ist für Erfolg, gibt es wenig Platz für Mitgefühl. Doch wenn wir ganz tief über das Leben meditieren, gelangen wir dahin, uns mit Ameisen und Raupen zu identifizieren. Wenn wir Bauern werden, werden wir vielleicht scheitern, weil wir es wahrscheinlich ablehnen, um Schädlinge zu vernichten, Insektizide zu benützen. Und wenn wir nicht das Herz haben, ein Tier zu töten, wie könnten wir dann ein Gewehr auf einen anderen Menschen richten? Wenn wir Beamte werden im Verteidigungsministerium, werden wir Menschen ermutigen, gewissenhafte Gegner zu werden. Werden wir Generaldirektor, werden wir uns vielleicht der Errichtung von Kernenergieanlagen in unserem Land widersetzen, und dann werden wir vom System entfernt. Viele von uns teilen diese Art von Seelenlage. Wir fühlen uns nicht wohl in unserer Gesellschaft, und wir bringen auf vielfältige Weise unseren Gegensatz zum Ausdruck.

David Bohm, Professor der Physik an der Universität von London, sagte: „Wenn wir wollen, daß sich die Gesellschaft ändert, dann sind einige äußerliche und individuelle Veränderungen , oder Veränderungen im Wirtschaftssystem nicht genug. Eine vollständige Veränderung im Bewußtsein ist erforderlich. Wir wissen noch nicht, wie diese Veränderung zustande gebracht werden kann, aber ich bin überzeugt, daß dies absolut lebenswichtig ist." (18)

Diese Veränderung des Bewußtseins kann, wie wir gesehen haben, erreicht werden durch Erkennen des Wesens wechselseitiger Abhängigkeit der Wirklichkeit, einer Erkenntnis, die jeder von uns auf einzigartige

Weise erfahren kann. Diese Art von Erkenntnis ist nicht das Ergebnis irgend einer Ideologie oder eines Gedankensystems, sondern die Frucht der direkten Erfahrung der Realität in ihren vielfältigen Beziehungen.

Es setzt voraus das Fallenlassen gewohnheitsmäßigen Denkens, welches die Wirklichkeit unzusammenhängend und bruchstückhaft wahrnimmt, eine Wirklichkeit, die tatsächlich untrennbar ist.

Furchtlos in Leben und Tod

Wenn du mit der Meditation über wechselseitige Abhängigkeit eine Weile fortfährst, dann wirst du eine Veränderung in dir selbst bemerken. Deine Perspektive wird sich erweitern und du wirst merken, daß du auf alle Lebewesen mit Mitgefühl schaust. Neid und Haß, von denen du annahmst, daß sie unbeeinflußbar sein würden, werden allmählich ausgerottet und du wirst merken, daß du dich um alle Wesen kümmerst. Was aber das Wichtigste ist, du wirst nicht länger Angst haben vor Leben und Tod.

Vielleicht hast du von Erwin Schrödinger gehört, der die Wellenmechanik entdeckte. Nachdem er über Selbst, Leben und Tod, das Universum, über Einheit und Vielfalt nachgedacht hatte, schrieb er:

"So kannst du also dich flach auf den Boden werfen, ausgestreckt auf Mutter Erde, in der sicheren Überzeugung, daß du eins bist mit ihr und sie mit dir. Du bist ebenso fest fundiert, ebenso unverwundbar, wie sie, ja tatsächlich tausendmal fester und unverletzlicher. So sicher, wie sie dich morgen überwältigen wird, so sicher wird sie dich erneut hervorbringen zu neuem Streben und Leiden. Und nicht nur „eines Tages": jetzt, heute, jeden Tag bringt sie dich hervor, nicht einmal, sondern tausend und tausend- male, gerade, wie sie dich jeden Tag tausendmal überwältigt. Für ewig und immer, gibt es nur jetzt, ein und das gleiche jetzt, die Gegenwart ist das einzige Ding, das kein Ende hat." (19)

Wenn eine Ansicht wie die von Schrödinger in unserem täglichen Leben gut verankert ist, dann werden wir Leben und Tod gegenüber unerschütterlich sein.

Vergangenheit, Gegenwart und Zukunft auf der Spitze eines Haares

Die Bemerkung Schrödingers über die Zeit ermutigt uns zu einem weiteren Schritt in unserer Meditation über wechselseitige Abhängigkeit. Unsere Vorstellungen von innen und außen, eines und vieles, beginnen wegzufallen, wenn wir das Wesen von „inter-Sein" und „inter-Durchdringung" aller Dinge betrachten. Doch werden diese Begriffe nicht vollständig wegbleiben, solange wir glauben, daß absoluter Raum und absolute Zeit für das Auftreten von allen Phänomenen notwendig sind. In den frühen Zeiten der Dharmalaksana genannten Richtung des Buddhismus („Meditation auf Erscheinungen") wurde der Raum angesehen als absolute Realität außerhalb des Bereichs von Geburt und Tod. Als dann die Madhyamika genannte Richtung („Meditation über das Ding an sich", oder „Meditation über die wesentliche Beschaffenheit") sich entwickelte, wurden Zeit und Raum beschrieben als falsche Konzepte der Wirklichkeit, die für ihre Existenz in Abhängigkeit voneinander stehen. Nachdem der Grundsatz von „inter-Sein" und „inter-Durchdringung" in der Avatamsaka Sutra es zurückweist, die Vorstellungen von innen/außen, groß/klein, eins/viele als wirklich anzunehmen, weist er auch den Begriff des Raumes als absolute Realität zurück. In Bezug auf Zeit wird der vorstellungsgemäße Unterschied zwischen Vergangenheit, Gegenwart und Zukunft ebenfalls niedergerissen. Die *Avatamsaka Sutra* sagt, daß Vergangenheit und Zukunft in die Gegenwart gestellt werden können, Gegenwart und Vergangenheit in die Zukunft, Gegenwart und Zukunft in Vergangenheit, und schließlich alle Ewigkeit in ein *ksana*, den kürzestmöglichen Moment. Zusammenfassend ist Zeit wie Raum gestempelt mit dem Siegel der wechselseitigen Abhängigkeit, und ein Augenblick enthält drei Zeiten: Vergangenheit, Gegenwart und Zukunft.

Die Vergangenheit in Gegenwart und Zukunft
Die Zukunft in der Gegenwart und Vergangenheit
Drei Zeiten und einige Ewigkeiten
in einem Augenblick
Nicht lang, nicht kurz - das ist Befreiung.

Ich kann die Zukunft durchdringen
Alle Ewigkeit in einen Augenblick legen.

Die *Avatamsaka Sutra* fährt fort, „Nicht nur enthält ein Staubteilchen in sich selbst „unendlichen" Raum, es enthält auch „endlose" Zeit; in einem *ksana* finden wir sowohl „unendliche" Zeit wie „unendlichen" Raum.(20)

Vergangenheit, Gegenwart und Zukunft
auf der Spitze eines Haares
Und unzählige Buddha-Welten dazu.

Das Betreten der Welt der wechselseitigen Abhängigkeit mit der Relativitätstheorie

Die *Avatamsaka Sutra* sagt, daß Zeit und Raum jeweils einander enthalten, in ihrer Existenz aufeinander angewiesen sind und mit Verständnis nicht voneinander getrennt werden können.Die Relativitätstheorie Albert Einsteins, zweitausend Jahre später, bestätigt die untrennbare Bezogenheit von Zeit und Raum. Zeit wird betrachtet als vierte Dimension des vierdimensionalen Raum-Zeit-Kontinuums.(21)

Diese Theorie weist die Hypothese zurück, daß Raum ein absoluter und unveränderlicher Bau ist, innerhalb dessen sich das Universum entfaltet. Gleichzeitig wird die Vorstellung von einer absoluten und allgemeingültigen Zeit zerstört. Sie erklärt, daß Raum einfach nur die lagemässige Regelung von Beziehungen von Dingen untereinander in einem gegebenen Referenz-System ist und daß Zeit nichts anderes ist, als die chronologische Regelung von Geschehnissen in einem gegebenen Referenzsystem.

Zeit kann nach der Theorie nur örtlich und nicht allgemeingültig sein. Aus diesem Grund kann die Vorstellung von „jetzt" nur angewandt werden auf „hier" und nicht auf andere Orte im Universum. In gleicher Weise kann „hier" nur angewandt werden auf diesen Moment, „jetzt", und weder auf Vergangenheit noch auf Zukunft. Dies deshalb, weil Zeit und Raum nur zusammen existieren können. Sie können nicht unabhängig von einander vorkommen. Diese Theorie erlaubt uns wissenschaftliche Entdeckungen über die Relativität von Raum und Zeit zu verwenden, um unsere Ideen, die beruhen auf „unendlichem" Raum und „endloser" Zeit abzumontieren, Ideen wie endlich und unendlich, innen und außen, vorher und nachher. Wenn wir zum Himmel aufblicken und uns fragen, was jenseits der äußersten Grenze des Universums existiert, dann haben wir immer noch nicht die Relativität verstanden und haben uns der Vorstellung von einem absoluten Raum, der unabhängig von den Dingen besteht, immer noch nicht entledigt. Und wenn wir fragen, in welcher Richtung das Universum sich bewegt, so geschieht dies, weil wir immer noch an eine ewige, allgemein gültige Zeit glauben. Die Relativitätstheorie trägt zum Fortschritt sowohl von Wissenschaft wie von Philosophie bei. Es ist nur schade, daß Einstein dieses großartige Raumschiff nicht noch weiter benützt hat auf der Reise in die Welt der Wirklichkeit.

Ein Floß, um den Fluß zu überqueren

Alle neuen wissenschaftlichen Entdeckungen gehen einher mit der Zerstörung einiger alter Vorstellungen über die Wirklichkeit. Ein Verdienst der Relativitätstheorie ist es, daß sie die klassischen Ideen von Raum und Zeit durch ihre genauere Angaben zum Raum-Zeit-Kontinuum umgestürzt hat. Nach dieser Theorie hat alles eine vierdimensionale Struktur und ist der Lage nach bestimmt in einer gekrümmten vier-dimensionalen Raum-Zeit. Unter Aufgabe des Euklidschen, dreidimensionalen geradlinigen Modells des Universums stellte sich Einstein ein Universum vor, das zusammengesetzt ist aus gekrümmten Linien in einem vierdimensionalen Raum-Zeit- Kontinuum.

1917 brachte er dieses Modell, bei dem Raum angesehen wird als dreidimensionaler Aspekt eines vierdimensionalen Hyperraumes mit Zeit als einer Achse, in Vorschlag. Wenn wir versuchen, uns dies für eine Kugel vorzustellen, werden wir nicht mehr eine Kugel sehen; statt dessen werden wir einen Hyperzylinder vor uns haben, in welchem jeder Augenblick eine getrennte Kugel ist, etwa ähnlich der Abfolge von einzelnen Bild-Aufnahmen eines Filmes. Einsteins Universum ist endlich und doch gleichzeitig unbegrenzt, weil es zusammengesetzt ist aus gekrümmten Raum-Zeit- Linien und nicht aus gesonderten geraden Linien , die entweder der Zeit oder dem Raum angehören. Eine Ameise, die auf einer Orange läuft, kann immer gerade aus gehen, ohne je ein Ende zu erreichen, weil sie auf einem gekrümmten Weg geht.Doch die Ameise bleibt auf der Orange; das ist ihr Spielraum. Einsteins Modell verallgemeinerte gerade Linien und brachte endliche und unbegrenzte in Übereinstimmung.

Wenn jedoch endlose Zeit und unbegrenzter Raum nur Formen der Wahrnehmung sind, dann ist auch das gekrümmte vierdimensionale Raum-Zeit-Kontinuum, auch wenn es der Wirklichkeit näher kommt, doch nur eine andere Form der Wahrnehmung. Wenn Raum nicht begriffen werden kann ohne die Anwesenheit von „Dingen", dann sind die vier Dimensionen von Raum-Zeit nichts weiter als geistige Welten in Bezug auf die Ideen von „Ding" und „Bewegung". Die Raum-Zeit-

Kurve muß aufgefaßt werden als nichts weiter als eine Vorstellung, welche diejenige von dreidimensionalem Raum, endloser Zeit und geraden Linien ersetzt. Wir müssen sie hinter uns lassen, in gleicher Weise, wie wir das Floß hinter uns lassen, nachdem wir den Fluß überquert haben.

Die Fähigkeit vollständig aufzugeben und das geistige Vermögen, zu entdecken

Die Wirklichkeit wird verändert dadurch, daß wir sie betrachten, weil wir sie betreten mit unserem Gepäck von Vorstellungen. Moderne Physiker wissen das. Einige von ihnen haben ohne Zögern Vorstellungen aufgegeben, die lange die Grundlage der Wissenschaft darstellten - Vorstellungen von Ursache und Wirkung, von Vergangenheit, Gegenwart und Zukunft. Aber es ist nicht leicht, Vorstellungen aufzugeben. Wir meinen, in die Wirklichkeit einzudringen ohne die Waffen von Vorstellungen sei, wie in einen Kampf zu ziehen mit bloßen Händen. Die Bewaffnung eines Wissenschaftlers ist sein oder ihr erworbenes Wissen und Denk-system, und es ist außerordentlich schwierig, dieses hinter sich zu lassen. Ich vermute, daß die Wissenschaftler mit der größten Fähigkeit, diese „Waffen" aufzugeben, diejenigen sind, welche die größte Voraussetzung haben, Entdeckungen zu machen.

Religiöse Sucher haben immer daran erinnert, daß sie alle ihre Vorstellungen aufgeben mußten, um die Wirklichkeit unmittelbar zu erfahren - angefangen von den Vorstellungen vom Selbst und von anderen, bis zu jenen von Geburt und Tod, Fortdauer und Vergänglichkeit, Existenz und Nichtexistenz. Wenn Wirklichkeit beschrieben wird als unfaßbar, dann kann das Werkzeug zur direkten Wahrnehmung der Realität nur ein Geist sein, der frei von allen Vorstellungen ist.

4. Kapitel

Das Netz von Geburt und Tod durchschneiden

Der Geist erzeugt die Formen der Wirklichkeit

Gestern Nachmittag versetzte die kleine Thuy ihre Lehrerin in Erstaunen. Nach dem Mittagessen nahm sie einen Besen und fegte das Klassenzimmer, ohne daß irgendjemand sie dazu aufgefordert hätte. Kein Kind im Dorf hatte das vorher je gemacht. Später, nach der Schule folgte Thuys Lehrerin ihr den Hügel hinauf zu unserer Hütte, um mir davon zu erzählen. Ich erklärte ihr, daß alle armen Kinder in meiner Heimat das gleiche getan hätten. Sie besorgen die Hausarbeit selbst, ohne von Erwachsenen dazu aufgefordert zu werden.

Heute ist ein Französischer Feiertag und Thuy hat schulfrei. Wir machten morgens einen Spaziergang und sammelten miteinander Pinienzapfen. Sie erzählte mir, daß die Erde den Pinienzapfen Leben schenkt, damit wir sie zum Feuermachen nehmen können, um im Winter warm zu haben, doch ich sagte ihr, daß die Pinienzapfen da sind, um Pinienkindern das Leben zu schenken und nicht, um Feuer anzuzünden. Statt unglücklich zu sein über meine Erklärung, leuchteten ihrer Augen Verständnis.

Erinnerst du dich unserer Unterhaltung über das Konzept von Raum und Zeit in der *Avatamsaka Sutra* und der Relativitätstheorie? Wenn wir einmal die Vorstellungen von absolutem Raum und absoluter Zeit aufgeben, beginnen viele damit verbundene Vorstellungen, die lange das Muster unseres Denkens geformt haben, zusammenzubrechen. „bootstrap-Theoretiker" erkennen, daß alle Atomteilchen, wie beispielsweise Elektronen, nicht unabhängig voneinander existieren können. Sie sind tatsächlich „interconnections" (Zwischenverbindungen) unter den Teilchen und diese „Teilchen" sind ihrerseits Zwischenverbindungen zu anderen Teilchen. Kein Teilchen hat eine unabhängige Natur. Das kommt der wechselseitigen Abhängigkeit, „inter-sein" und „inter-Durchdringung" sehr nahe.

Die Relativitätstheorie hatte einen bedeutenden Einfluß auf unser Verständnis von den Kernteilchen. In der Relativität sind Masse und Energie dasselbe, so, wie Regen, wie wir festgestellt hatten, zur gleichen Zeit das Subjekt und das Verb eines Satzes sein kann. Wenn wir wissen, daß Masse nur eine Form von Energie ist, kommen wir zu der Einsicht, daß „interconnections" zwischen Teilchen selbst dynamische Realitäten sind in vierdimensionaler Raum-Zeit. Für die heutigen Wissenschaftler verbindet ein Kernteilchen Raum und Zeit, gerade wie „ein Staubteilchen" oder „die Spitze eines Haares" in der *Avatamsaka Sutra*. Diese Teilchen können angesehen werden als „Staubteilchen" der Zeit, gerade wie nach der *Avatamsaka Sutra* der kürzestmögliche Moment (*ksana*) nicht nur Vergangenheit, Gegenwart und Zukunft enthält, sondern auch Materie und Raum. Ein Partikel kann nicht mehr länger als dreidimensionales Objekt (wie eine Murmel oder ein Staubteilchen) angesehen werden, das sich im Raum befindet. Es ist für unsere Anschauungen abstrakter geworden. Elektronen können zum Beispiel „vierdimensionale dynamische Körper in Raum-Zeit" genannt werden oder „Wellen von Wahrscheinlichkeiten". Wir müssen daran denken, daß Worte wie „Teilchen", „Körper" und „Welle" nicht mehr die gleiche Bedeutung haben, wie in der normalen Sprache. Die moderne Physik hat darum zu kämpfen gehabt, jenseits der Welt der Vorstellungen zu gelangen, und als Ergebnis davon werden heute Partikel (vom Standpunkt gewöhnlicher, unterscheidender Betrachtung) als abstrakte mathematische Grössen betrachtet, unterschiedlich zum gewohnten Gesichtspunkt.

Manche Wissenschaftler erklären, daß die Eigenschaften und Merkmale der Kernteilchen nichts anderes darstellen, als Schöpfungen ihres eigenen Geistes, daß in Wirklichkeit also Teilchen keine Merkmale haben, die unabhängig sind von dem Geist, der sie beobachtet. Dies bedeutet, daß in der Welt der Partikel der Geist, der die Wirklichkeit wahrnimmt, sie in der Tat selbst erschafft.

Beobachter und Teilnehmer

Heute können für Physiker der Gegenstand des Geistes und der Geist selbst nicht getrennt werden. Wissenschaftler können etwas nicht weiterhin mit vollständiger Objektivität beobachten.Ihr Geist kann nicht getrennt werden von den Objekten. John Wheeler schlug vor, daß wir den Ausdruck „Beobachter" durch den Ausdruck „Teilnehmer" ersetzen. Denn damit es einen „Beobachter" geben kann, muß es eine deutliche Grenze zwischen Subjekt und Objekt geben, doch mit einem „Teilnehmer" wird der Unterschied zwischen Subjekt und Objekt unscharf und kann sogar verschwinden, sodaß direkte Erfahrung möglich wird. Dieser Begriff eines Teilnehmers/Beobachters kommt dem aus der Meditationspraxis sehr nahe. Wenn wir entsprechend der *Satipatthana Sutta* über unseren Körper meditieren, meditieren wir über „den Körper *in* dem Körper" (Hervorhebung hinzugefügt). Dies bedeutet, daß wir unseren Körper nicht als getrenntes Objekt ansehen, unabhängig von unserem Geist, der ihn beobachtet. Meditation ist nicht ein Messen des Objektes des Geistes, oder ein Nachdenken darüber, sondern ein direktes Verstehen. Dies nennt man „Verstehen ohne Unterscheidung" *(nirvikalpajñana)*.

Die Gewohnheit, den Geist von seinem Objekt zu unterscheiden, ist in uns so tief eingewurzelt, daß wir sie nur allmählich mit Meditation ausrotten können. Die *Satipatthana Sutta* bietet vier Meditationsobjekte: den Körper, die Gefühle, den Geist und Objekte des Geistes. Diese Art von Meditation wurde von den Schülern Buddhas während seiner Lebenszeit praktiziert. Die Wirklichkeit auf diese Weise zu klassifizieren hilft unserer Meditation, sie geschieht nicht, um uns in der Analyse dieser Gegenstände zu helfen. In der *Sutta* werden alle materiellen Objekte als „Objekte des Geistes" angesehen. Natürlich können wir beobachten, daß Körper, Gefühle, und selbst der Geist noch als „Objekte des Geistes" klassifiziert werden können. Die Tatsache, daß alle Erscheinungen, einschließlich der materiellen, in der *Sutta* als „Objekte des Geistes" betrachtet werden, zeigt klar, daß der Buddhismus seit den frühesten Zeiten dem entgegentrat, zwischen Geist und seinen Objekten zu unterscheiden.

Physiker, die sich mit Elementarteilchen beschäftigen, haben oft, wenn sie von der Tagesarbeit in den Laboratorien nach Hause zurückkehren, das Gefühl, daß gewöhnliche Objekte wie zum Beispiel ein Stuhl oder ein Stück von einer Frucht ihre Wesenhaftigkeit, die sie früher zu haben schienen, verloren haben. Diese Wissenschaftler können, nachdem sie die Welt der Elementarteilchen betreten haben, in der Welt der Materie nichts Wichtiges mehr finden, ausgenommen ihren eigenen Geist. Alfred Kastler sagte: „Materie kann nur betrachtet werden über ihre zwei komplementären Aspekte, nähmlich über Wellen und Partikel. Objekte oder Dinge, wie man früher immer gemacht hat, als Grundbestandteile der Natur anzusehen, das muß aufgegeben werden." (22)

Obwohl ein Stuhl oder eine Orange für uns weiterhin nicht mehr „Materie" sein mögen, so müssen wir trotzdem auf dem Stuhl sitzen und trotzdem die Orange essen. Wir sind zusammengesetzt aus der gleichen Essenz wie sie, selbst wenn es nur eine mathematische Formel ist, die wir selbst zustande bringen können. Meditierende merken, daß alle Phänomene sich gegenseitig durchdringen und mit allen anderen Phänomenen „inter-sind", sodaß sie in ihrem täglichen Leben einen Stuhl oder eine Orange anders ansehen als die meisten anderen Menschen. Wenn sie auf Berge blicken und Flüsse, sehen sie, daß „Flüsse nicht mehr Flüsse sind, und Berge nicht mehr Berge". Berge sind in Flüsse „eingedrungen", und Flüsse sind in Berge „eingedrungen" (interpenetration). Berge werden zu Flüssen, und Flüsse werden zu Bergen (interbeing). Aber wenn sie zum Schwimmen gehen wollen, dann müssen sie in den Fluß gehen und nicht auf den Berg steigen. Wenn sie zum täglichen Leben zurückkehren, dann „sind Berge wieder Berge, Flüsse sind wieder Flüsse". .

Weder Form noch Leerheit

Ein Wissenschaftler, der das Wesen der wechselseitigen Abhängigkeit zwischen Teilchen erkennt, wird wahrscheinlich auch in der Art, wie er oder sie im täglichen Leben die Wirklichkeit wahrnimmt, beeinflußt sein. Aus diesem Grund mag es auch zu einer gewissen Umgestaltung in seinem oder ihrem spirituellen Leben kommen. Meditierende, welche die gegenseitige Durchdringung und das „inter-sein" von Dingen verstehen, erfahren auch eine Änderung in sich selbst. Frühere Vorstellungen von „man selbst" und „Gegenstände" lösen sich auf, und sie sehen sich selbst in allem, und alle Dinge in sich selbst. Diese Transformation ist das primäre Ziel der Meditation. Aus diesem Grunde wird „Gewahrsein des Seins" den ganzen Tag lang auf-rechterhalten und nicht nur während der Meditationsperioden. Ein Meditierender ist sich dessen bewußt, wenn er oder sie geht, steht, sich niederlegt, usw. Es gibt sicher auch Wissenschaftler, die dies ebenso machen, die den ganzen Tag über den Gegenstand ihrer Forschung nachdenken, durch und mit ihrem ganzen Sein, selbst wenn sie essen oder baden.

Der Begriff von „inter-Entstehung" (*paratantra*) kommt der lebendigen Realität sehr nahe. Er löscht dualistische Konzepte, eins/viele, innen/außen, Zeit/Raum,

Geist/Materie, usw. aus, Begriffe, welche der Geist benützt, um die Wirklichkeit zu begrenzen, zu teilen und zu formen.

Die Vorstellung von „inter-Entstehung" kann nicht nur benützt werden, um Gewohnheiten der Realitätszerlegung einzureißen, sondern auch, um eine direkte Erfahrung der Realität herbeizuführen. Als Werkzeug sollte es jedoch nicht als Form der Realität selbst angesehen werden.

Paratantra ist das eigentliche Wesen der lebendigen Wirklichkeit, die Abwesenheit eines wesentlichen Selbst. Gerade wie ein Dreieck nur existiert, weil drei Linien einander schneiden, kannst du nicht sagen, daß irgend ein Ding in sich selbst existiert. Alle Erscheinungen werden als leer (*sunya*) dargestellt, weil sie keine unabhängige Identität haben. Dies bedeutet nicht, daß Erscheinungen abwesend sind, sondern nur, daß sie leer sind von einem wesentlichen Selbst, leer von einer dauernden Identität, welche unabhängig von anderen Phänomenen besteht. In gleicher Weise bedeutet das Wort „Partikel" in der „Schnürsenkel-Physik" nicht dreidimensionale Fleckchen, welche unabhängig von einander bestehen.

Das Wort „Leerheit" ist hier verschieden von dem Ausdruck des täglichen Lebens. Es transzendiert die üblichen Vorstellungen von Leerheit und Form. Leer zu sein bedeutet nicht, nicht-existent zu sein. Es bedeutet, völlig ohne dauernde Identität zu sein. Um Mißverständnisse zu vermeiden, benützen Buddhistische Gelehrte oft den Ausdruck „echte Leerheit", um auf diese Art von Leerheit zu verweisen. Der Zen-Meister Hue Sinh, der im 11. Jahrhundert während der Ly Dynastie lebte, sagte, daß wir die Worte leer und Form nicht benützen können, um Gegenstände zu beschreiben, weil die Wirklichkeit jenseits dieser zwei Begriffe ist:

Dharmas sind das gleiche wie „Nicht-Dharmas",
Weder existierend, noch nicht existierend.
Wer dies voll erfährt,der
Erfaßt, daß alle Wesen Buddha sind.

Die Udumbara Blume blüht immer noch

Es gibt eine Praxis, genannt Meditation über echte Leerheit, in welcher der Praktizierende übliche Wege des Denkens über Sein und Nicht-Sein aufgibt, indem er erkennt, daß diese Vorstellungen gebildet wurden durch die unrichtige Wahrnehmung der Dinge als unabhängig und fortdauernd. Wenn ein Apfelbaum Blüten bildet, sehen wir noch keine Äpfel, sodaß wir sagen könnten: „Es gibt auf diesem Baum Blüten, aber keine Äpfel". Wir sagen dies, weil wir die verborgene Gegenwart der Äpfel in den Blüten nicht sehen. Die Zeit wird erst allmählich die Äpfel enthüllen.

Wenn wir auf einen Stuhl blicken, sehen wir das Holz, aber wir versäumen, den Baum zu bemerken, den Wald, den Tischler oder unseren eigenen Geist.Wenn wir darüber meditieren, können wir in dem Stuhl das ganze Universum in seinen untereinander verwobenen und voneinander abhängigen Beziehungen sehen. Die Gegenwart des Holzes offenbart die Gegenwart des Baumes. Die Gegenwart des Blattes zeigt die Gegenwart der Sonne. Die Gegenwart der Apfelblüte offenbart die Gegenwart des Apfels.Meditierende können das eine in den vielen sehen und die vielen in dem einen. Selbst bevor sie den Stuhl sehen, können sie in dem Herzen der lebendigen Wirklichkeit seine Gegenwart erblicken. Der Stuhl ist nicht abgesondert. Er lebt nur in seinen gegenseitig abhängigen Beziehungen mit allem anderen im Universum. Er *ist*, weil alle anderen Dinge *sind*. Wenn er *nicht ist*, dann *sind* auch alle anderen Dinge *nicht*.

Jedesmal, wenn wir das Wort „Stuhl" benützen, oder die Vorstellung „Stuhl" sich in unserem Geist bildet, wird die Wirklichkeit in Stücke gerissen. Es gibt den „Stuhl" und es gibt alles, was „nicht-Stuhl" ist. Diese Art der Trennung ist sowohl gewaltsam wie unsinnig. Das Schwert der Begriffsbildung funktioniert auf diese Weise, weil wir nicht wahrnehmen, daß der Stuhl vollständig aus „nicht-Stuhl-Elementen" gemacht ist. Da alle „nicht-Stuhl-Elemente" in dem Stuhl gegenwärtig sind, wie können wir sie dann davon trennen? Eine erwachter Mensch sieht, wenn er auf den Stuhl blickt, ganz lebhaft die „nicht-Stuhl-Elemente" und erkennt, daß der Stuhl keine Grenzen hat, keinen Anfang und kein Ende.

Vielleicht hast du, als du klein warst, mit einem Kaleidoskop gespielt. So viele wunderbare Bilder werden von kleinen Stückchen farbigen Glases zwischen zwei Linsen und drei Spiegeln gebildet. Jedesmal, wenn du deine Finger etwas bewegst, erscheint ein neues und ebenso schönes Bild. Wir könnten sagen, daß jedes Bild einen Anfang und ein Ende hat, aber wir wissen, daß sein wahres Wesen, Linsen und farbiges Glas, mit jeder neuen Konfiguration weder entsteht noch endet. Diese Tausende oder Millionen von Mustern sind nicht Gegenstand des Begriffs von „Anfang und Ende". In gleicher Weise folgen wir unserem Atmen und meditieren über das anfanglose und endlose Wesen von uns selbst und von der Welt. Wenn wir dies machen, können wir erkennen, daß die Befreiung von Geburt und Tod schon in Reichweite ist.

Die Existenz eines Stuhles abzuleugnen bedeutet, die Gegenwart des ganzen Universums in Abrede zu stellen. Ein Stuhl, der existiert, kann nicht nicht-existierend werden, selbst wenn wir ihn in kleine Teilchen zerhacken oder verbrennen. Wenn es uns gelänge, einen Stuhl zu zerstören, dann könnten wir das ganze Universum zerstören. Die Vorstellung von „Anfang und Ende" ist eng verbunden mit dem Konzept von „Sein und Nichtsein". Von welchem zeitlichen Moment an können wir beispielsweise sagen, daß ein bestimmtes Fahrrad zu existieren begann, und ab welchem Moment existiert es nicht mehr? Wenn wir behaupten, daß es in dem Moment zu existieren begann, als der letzte Teil anmontiert wurde, bedeutet dies dann, daß wir nicht den Augenblick vorher sagen könnten „Dieses Fahrrad benötigt gerade noch ein Teil"? Und wenn es kaputt geht und nicht mehr gefahren werden kann, warum nennen wir es dann „ein kaputtes Fahrrad"? Wenn wir über den Moment meditieren, in welchem das Fahrrad *ist* und über den Moment, in dem es *nicht mehr ist*, werden wir bemerken, daß das Fahrrad nicht in die Kategorien eingestuft werden kann von „Sein und Nichtsein" oder „Anfang und Ende".

Existierte der indische Dichter Rabindranath Tagore vor seiner Geburt oder nicht? Existiert er nach seinem Tod, oder hat er aufgehört zu existieren? Wenn du die Grundsätze aus der *Avatamsaka Sutra* von „Interdurchdringung", oder die Grundsätze der Schnürsenkelphysiker von „inter-sein" akzeptierst, dann kannst du nicht behaupten, daß es je eine Zeit gab, zu der „Tagore *nicht ist*", selbst zu den Zeiten vor seiner Geburt oder nach seinem Tod. Wenn Tagore nicht ist, dann kann das ganze Universum nicht sein, und auch du oder ich können nicht existieren. Nicht wegen seiner „Geburt" existiert Tagore, noch ist es wegen seines „Todes", daß er nicht existiert.

Eines Abends stand ich spät auf dem Vulture Peak (Geierberg) im indischen Staat Bihar, als ich einen wunderbaren Sonnenuntergang erlebte, und plötzlich wußte ich, daß Shakyamuni Buddha immer noch dort saß:

Der große Bettler von früher ist immer noch auf
dem Geierberg
Betrachtend den wunderbaren Sonnenuntergang.
Gotama, wie seltsam!
Wer sagte, daß die Udumbara Blume
Nur einmal alle 3000 Jahre blüht?
Das Geräusch der steigenden Flut,
Du kannst dir nicht helfen, du mußt es hören,
Wenn du ein aufmerksames Ohr hast.

Ich habe einige Freunde ihr Bedauern aussprechen hören, nicht zur Zeit des Buddha zu leben. Ich vermute, selbst wenn sie auf der Straße an ihm vorbeigingen, würden sie ihn nicht erkennen. Nicht nur Tagore und Shakyamuni Buddha, sondern wir alle sind ohne Anfang und ohne Ende. Ich bin hier, weil du da bist. Wenn irgendjemand von uns nicht existiert, dann kann auch sonst niemand existieren. Die Realität kann nicht begrenzt werden von Vorstellungen wie sein, nicht-sein, Geburt und Tod. Der Ausdruck „echte Leerheit" kann verwendet werden, um die Realität zu beschreiben und alle Ideen, welche uns gefangennehmen und entzweien, und welche künstlich eine Realität erzeugen, zu zerstören. Ohne einen Geist, der frei ist von vorgefaßten Meinungen, können wir die Realität nicht ergründen. Wissenschaftler beginnen zu verstehen, daß sie nicht die gewöhnliche Sprache benützen können, um nicht-begriffliche Einsichten zu beschreiben. Die wissenschaftliche Sprache beginnt, das symbolische Wesen der Dichtung anzunehmen. Heute werden solche Worte wie „Amulett" und „Farbe" benützt, um Eigenschaften von Teilchen zu beschreiben, die kein begriffliches Gegenstück in dem „Makro-Bereich" haben. Eines Tages wird sich die Wirklichkeit selbst offenbaren, jenseits aller Vorstellungen und Messungen.

Weder kommt der Tathagata, noch geht er

Diese nicht-begrifflich faßbare Realität oder echte Leerheit wird auch „Soheit" genannt (*bhutatathata*). Soheit, manchmal auch übersetzt mit „Solchheit", bedeutet: „es ist so". Es kann mit Worten und Vorstellungen nicht begriffen oder beschrieben werden, sondern muß unmittelbar erfahren werden. Angenommen, es gibt eine Mandarine auf dem Tisch und jemand fragt dich: „Wie schmeckt sie?" Statt eine Antwort zu geben, mußt du die Mandarine zerlegen und den Fragenden auffordern zu probieren. Wenn du dies machst, erlaubst du ihm oder ihr, in die Soheit der Mandarine einzudringen ohne jede verbale oder vorstellungsmäßige Beschreibung.

Um seine Schüler an das bedingungslose, anfangslose und endlose Wesen der Wirklichkeit zu erinnern ersuchte Buddha seine Schüler ihn als Tathagata anzusprechen.

Das ist kein Ehrentitel. Tathagata bedeutet: „einer, der so kommt" oder: „einer, der so geht". Das bedeutet, er entsteht aus Soheit, weilt in Soheit und kehrt zu Soheit zurück, zur nicht-begrifflich-erfaßbaren Realität. Wer oder was entsteht nicht aus Soheit? Du und ich, eine Raupe, ein Fleckchen Staub, alles kommt aus Soheit, alles weilt in Soheit und wird eines Tages zu Soheit zurückkehren. Tatsächlich haben die Worte „kommen aus"," weilen in", und „zurückkehren zu" keine wirkliche Bedeutung. Man kann Soheit nie verlassen. In der *Anuradha Sutra* antwortete der Buddha auf eine Frage, die viele Mönche quälte: Was geschieht dem Tathagata nach dem Tode? Fährt er fort, zu existieren? Hört er auf zu existieren? Fährt er fort zu existieren und hört auf zu existieren? Fährt er weder fort noch hört er auf zu existieren?

Der Buddha fragte Anuradha *„Was meinst Du? Kann der Tathagata erkannt werden durch Form?"*
„Nein, Meister."
„Kann der Tathagata außerhalb von Form gefunden werden?"
„Nein, Meister."
„Kann der Tathagata erkannt werden durch Gefühle,Empfindungen, geistige Gestaltung oder Bewußtsein?"
„Nein, Meister."
„Anuradha, du kannst den Tathagata nicht einmal in diesem Leben finden, warum willst du das Problem lösen, ob ich fortfahre zu existieren oder aufhöre zu existieren, oder beides, fortfahre und aufhöre zu existieren, oder weder fortfahre noch aufhöre zu existieren nach dem Tode?"(23)

Der Physiker Robert Oppenheimer, bekannt als Vater der ersten Atombombe, hatte die Gelegenheit, diesen

Abschnitt aus der *Anuradha Sutra* zu lesen. Er verstand ihn aufgrund seiner Beobachtungen an Partikeln, die mit Vorstellungen von Raum, Zeit, Sein oder Nicht-sein nicht umschrieben werden können. Er schrieb:

„Wir neigen dazu, auf das, was die einfachste Frage zu sein scheint, entweder keine Antwort zu geben oder eine Antwort, die auf ersten Anschein hin mehr erinnert an einen merkwürdigen Katechismusunterricht, als an die ehrlichen Bejahungen physikalischer Wissenschaft. Wenn wir zum Beispiel fragen, ob die Position des Elektrons dieselbe bleibt, müssen wir sagen „nein"; wenn wir fragen, ob die Position des Elektrons sich mit der Zeit ändert, müssen wir sagen „nein"; wenn wir fragen, ob das Elektron im Ruhezustand ist, müssen wir sagen „nein"; wenn wir fragen, ob es in Bewegung ist, müssen wir sagen „nein"."(24)

Wie du sehen kannst, hat die Sprache der Wissenschaft schon begonnen, sich der Sprache des Buddhismus anzunähern. Nachdem er den obigen Abschnitt aus der *Anuradha Sutra* gelesen hatte, sagte Oppenheimer, daß bis zu diesem Jahrhundert Wissenschaftler nicht fähig gewesen wären, Buddhas Erwiderung von vor 2500 Jahren zu verstehen.

Das Netz von Geburt und Tod kann auseinandergerissen werden

 Es gibt eine andere Meditation, die anstatt derjenigen über echte Leerheit benützt werden kann. Man nennt sie die Meditation über die Wunderbarkeit der Existenz.

„Existenz" bedeutet, in der Gegenwart sein. „Die Wunderbarkeit der Existenz" bedeutet, gewahr sein, daß das Universum in jedem Ding enthalten ist, und daß das Universum nicht existieren könnte, wenn es nicht jedes Ding enthalten würde. Dieses Gewahrsein der untereinander bestehenden Verbundenheit, der gegenseitigen Durchdringung und des „inter-seins" - macht es für uns unmöglich zu sagen, daß etwas „ist" oder „nicht ist"; deshalb nennen wir es „wunderbare Existenz".

Obwohl zwar Oppenheimer in gleicher Weise viermal mit „nein" auf die Fragen über die Natur des Elektrons antwortete, meinte er nicht, daß Elektronen nichtexistent seien. Obwohl zwar der Buddha sagte: „Du kannst den Tathagata nicht einmal in diesem Leben finden", meinte er nicht, daß der Tathagata nichtexistent sei. Die *Große Prajña Paramita Sutra* verwendet das Wort „nicht-leer" *(asunya)*, um diesen Zustand zu beschreiben. „Nicht-leer" ist dasselbe wie „die Wunderbarkeit der Existenz". „Echte Leerheit" und „die Wunderbarkeit der Existenz" kann uns davor bewahren, in die Fallgrube der Unterscheidung zwischen Sein und Nichtsein zu geraten.

Sowohl Elektronen wie der Tathagata sind jenseits der Vorstellungen von Sein und Nichtsein.Das Wesen echter Leerheit und die Wunderbarkeit der Existenz der Elektronen und des Tathagata bewahren uns vor der Falle von Sein und Nichtsein, und führen uns direkt in die Welt der Vorstellungslosigkeit. Wie können wir die Meditation über die Wunderbarkeit der Existenz praktizieren? Jeder, der die Relativitätstheorie versteht, weiß, daß Raum innig verbunden ist sowohl mit Zeit wie mit Substanz. Für solche Menschen hat Raum eine größere Bedeutung als für Menschen, die noch glauben, daß Raum unabhängig von Zeit und Materie besteht. Wenn wir eine Biene betrachten, möchten wir zunächst gerne durch die Augen eines Physikers, der die Relativität begreift, und dann sogar darüber hinaus gehen, um echte Leerheit und die Wunderbarkeit der Existenz davon zu sehen. Wenn du dich bemühst, dies regelmäßig zu machen, mit deinem ganzen Wesen, dann bin ich sicher, daß es dich befreien wird von der Verstrickung in dem Netz von Geburt und Tod. In Zen Kreisen ist das Problem von Geburt und Tod immer als das dringendste angesehen worden. Der Zen- Meister Hakuin kalligraphierte das Zeichen für Tod sehr groß und fügte dann mit kleinen Pinselstrichen hinzu: *„Jeder, der die Tiefen dieser Welt sieht, ist ein echter Held"*(25).

Ich war immer der Meinung, die Befreiung von Geburt und Tod wäre ein fernes Ziel. Als ich an der Van Hanh Buddhist University in Saigon lehrte, hatte ich die Gestalten abgemagerter Arahats vor Augen, und ich dachte, es wäre nötig, unsere Kräfte so aufzubrauchen, unsere Begierden so abzubauen, bis uns totale Erschöpfung überwältigen würde, um diese Befreiung zu verwirklichen. Doch später, als ich in Phuong Boi in Zentralvietnam praktizierte, erkannte ich, daß Befreiung von Geburt und Tod nicht ein abstraktes oder langfristiges Projekt ist. Geburt und Tod sind nur Vorstellungen. Frei sein von diesen Vorstellungen bedeutet frei sein von Geburt und Tod. Es ist erreichbar.

Doch Befreiung von Geburt und Tod kann nicht ausschliesslich erfolgen über intellektuelles Verständnis. Wenn du das gegenseitig abhängige Wesen von allem im Universum siehst, wenn du die Bedeutung von echter Leerheit und von der Wunderbarkeit der Existenz verstehst, dann hast du die Samen der Befreiung im Feld deines Bewußtseins gesät.Damit diese Samen wachsen, müssen wir Meditation praktizieren. Über die Praxis der

Meditation können wir stark genug werden, durch die Idee von Geburt und Tod hindurchzubrechen, die tatsächlich nur eine der vielen, vielen Vorstellungen ist, welche wir bilden.

Ein Physiker, der fähig ist, die gegenseitige Durchdringung und das „inter-Sein" elementarer Partikel zu sehen, ohne jenseits seines oder ihres Intellekts zu gelangen, hat, vom Standpunkt buddhistischer Befreiung, erst eine dekorative Fassade erreicht. Jemand, der Buddhismus studiert, ohne Meditation zu praktizieren, hat gleichfalls Wissen nur als Dekoration angesammelt. Wir halten unser eigenes Schicksal in unseren eigenen Händen. Wir haben die geistige Fähigkeit, zu praktizieren, bis alle Ideen über Geburt und Tod, über Sein und Nichtsein völlig vernichtet sind.

Die Bilder, welche ich angeboten habe - die Sonne, eine Orange, ein Stuhl, eine Raupe, ein Fahrrad, Elektronen usw. - können Gegenstände sein, welche uns zu einer direkten Erfahrung der Wirklichkeit führen. Meditiere über die Sonne als dein zweites Herz, das Herz deines „Außen-Selbst". Meditiere über die Sonne in jeder Zelle deines Körpers. Meditiere, um die Sonne in jeder Pflanze zu sehen, in jedem nährenden Stückchen Gemüse, das du ißt. Ganz allmählich wirst du „den Körper letzter Realität" (*Dharmakaya*) sehen und dein eigenes „echtes Wesen" erkennen. Dann kann Geburt und Tod dich nicht mehr berühren, und du wirst zum Erfolg gelangt sein. Tue Trung, ein Zen-Meister aus dem 14. Jahrhundert, schrieb:

Geburt und Tod,
Ihr hattet mich unterdrückt.
Jetzt könnt ihr mich nicht mehr berühren.

Bitte meditiere tief über diese zwei Sätze, bis du Tue Trung in jeder Zelle deines Körpers sehen kannst.

Ein Blumenblatt kann uns direkt in die vorstellungslose Realität führen

Die Lin-chi Richtung des Zen in China entwickelte den Gebrauch von kung-ans (*koans* auf japanisch) als Mittel zum Erwachen. Dadurch, daß der Meditierende ständig an ein Subjekt denken muß, verhelfen kung-ans dazu, eine starke Konzentration zu schaffen. Hier sind einige Beispiele von Kung-ans, die als Fragen gestellt werden:

Was war dein echtes Antlitz, bevor deine Eltern dich zur Welt brachten?
Was ist der Ton einer klatschenden Hand?
Alles kehrt zurück zu dem Einen. Wohin kehrt das Eine zurück?

Die Form der Frage zu benützen, das beansprucht unsere Aufmerksamkeit. Manche kung-ans, wie das nachfolgende, werden nicht als Fragen gestellt, haben aber doch die gleiche fragende Wirkung:

Ein Hund hat nicht die Natur von Erwachtheit.
Nichts ist heilig.
Te-shan's Haare sind weiß. Tche-hai's sind schwarz.

Befragung also ist ein wichtiges Element in der Praxis der Meditation, die kung-ans verwendet. Das Ziel der kung-an Praxis ist es, Vorstellungen und Begriffsbildungen zunichte zu machen. Obwohl nicht ihre Absicht,

116

halten kung-ans manchmal den Meditierenden zu lange in seinen Gedanken und Vorstellungsbildern fest. Oft erst dann, wenn der Praktizierende in eine ausweglose Situation gelangt und vollständig erschöpft ist vom begriffsmäßigen Denken, ist er oder sie dazu bereit, Vorstellungen fallen zu lassen und zu sich selbst zurückzukehren. Dies ist, so meine ich, eine Schwäche der kung-an Praxis des Zen.

In der Meditation auf „Inter-Sein" oder auf „die Wunderbarkeit der Existenz" kann ein Praktizierender jedes Phänomen als Objekt der Meditation nehmen, aber er oder sie muß fähig sein, es über eine gewisse Zeit im Bewußtsein zu bewahren. Er mag die Sonne wählen, ein Blütenblatt, eine Raupe. Eine solche Meditation ist nicht so mysteriös wie eine kung-an Meditation, aber wenn der Übende entschlossen ist, das Sonnenlicht seiner Gewahrsamkeit Stunde auf Stunde darauf zu lassen, dann wird er Erfolg haben. Diese Art von Meditation bewahrt den Übenden davor, eine Menge Zeit zu verschwenden in Überanstrengung seines Intellekts bei der Suche nach Lösungen auf Fragen, die mit dem Intellekt nicht gelöst werden können. Die Sonne, ein Blatt, oder eine Raupe können den Praktizierenden unmittelbar in die Welt nichtkonzeptioneller Wirklichkeit bringen - eine lebendige, unmittelbare Erfahrung.

Unbehinderter Geist und unbehindertes Objekt

Eine andere wichtige Meditation, genannt „Geist und Objekt enthalten einander", zielt darauf ab, zu Ende zu kommen mit allen Unterscheidungen zwischen dem

Geist und seinen Objekten. Wenn wir zum blauen Himmel blicken, auf die weißen Wolken und auf das Meer, so sind wir geneigt, sie als drei einzelne Erscheinungen anzusehen. Aber wenn wir sorgfältiger schauen, können wir erkennen, daß die drei von gleicher Natur sind und nicht unabhängig voneinander existieren können. Wenn du sagst: „ich hatte Angst vor der Schlange, der ich gerade begegnete", dann behandelst du die Schlange als körperlich, und die Angst als psychologische Kategorie. Die Meditation über „Geist und Objekt enthalten einander" ist ein Hilfsmittel, diese Art von Trennung zu überwinden.

Leibniz, ein deutscher Mathematiker, stellte die Behauptung auf, daß nicht nur Farben, Licht und Temperatur, sondern auch Formen, Inhalt und Bewegung aller Dinge im Universum nichts anderes seien als Merkmale, welche der Geist auf die Realität projiziert. Im Lichte der Quantentheorie kann heute niemand mehr weiterhin annehmen, wie es Descartes tat, daß Geist und Objekt zwei unterschiedliche Realitäten seien, die unabhängig und getrennt voneinander existieren.

Um es einfach auszudrücken, in dem Satz: „ich hatte Angst vor der Schlange" erkennen wir ein „Ich", eine Schlange und Angst. Angst, ein psychologisches Phänomen, ist nicht nur unlösbar verbunden mit den materiellen Phänomenen „Ich" und Schlange , es ist auch unlösbar verwoben in das Netz des ganzen Universums und ist von gleicher Natur wie das Universum. Die Vorstellung „Angst" schließt in sich die Vorstellung „Schlange" ein und die Vorstellung von der Person, die Angst davor hat, von der Schlange gebissen zu werden. Wenn wir versuchen, objektiv zu sein, mag es sein, daß wir nicht mehr sicher sind, welcher Art genau die Natur der Schlange ist, oder die Natur einer Person, doch

Angst ist eine direkte Erfahrung, die wir erkennen und identifizieren können.

In der Meditation über wechselseitige Abhängigkeit können wir erkennen, daß jeder Augenblick von Bewußtheit das ganze Universum in sich einschließt. Dieser Augenblick mag dabei eine Erinnerung, eine Wahrnehmung, ein Gefühl oder eine Hoffnung sein. Vom Gesichtspunkt des Raumes aus gesehen, können wir es ein „Partikel von Bewußtheit" nennen. Vom Gesichtspunkt der Zeit aus können wir es als ein „Fleckchen" Zeit *(ksana)* bezeichnen.

Wenn wir von Geist sprechen, denken wir üblicherweise an psychologische Phänomene wie Gefühle, Gedanken, oder Wahrnehmungen. Sprechen wir von Objekten des Geistes, denken wir an materielle Erscheinungen wie Berge, Bäume oder Tiere. Drücken wir uns auf diese Weise aus, dann sehen wir den phänomenalen Aspekt des Geistes und seiner Objekte, aber wir sehen nicht ihr Wesen. Wir haben beobachtet, daß diese beiden Arten von Erscheinungen, Geist und Objekte des Geistes, für ihre Existenz voneinander abhängen und deshalb „interabhängig" sind. Aber wir sehen nicht, daß sie selbst von gleichem Wesen sind. Dieses Wesen wird manchmal „Geist" genannt und manchmal „Soheit" *(tathata)* oder auch Gott. Wie immer wir es nennen wollen, wir können dieses Wesen nicht mit Hilfe von Vorstellungen ermessen. Es ist unbeschränkt und alles einschließend, ohne Grenzen und Hindernisse. Vom Standpunkt der Einheit nennt man es *Dharmakaya*. Vom Standpunkt der Dualität bezeichnet man es als „Geist ohne Hindernis", der der „Welt ohne Hindernis" begegnet. Die *Avatamsaka Sutra* bezeichnet es als unbehinderten Geist und unbehindertes Objekt. Der Geist und die Welt enthalten einander so vollständig und vollkommen, daß wir dies „vollständige Einheit von Geist und Objekt" nennen.

1956 bei einer Vorlesung über Geist und Materie im Trinity College in Cambridge, fragte der Physiker Erwin Schrödiger, ob das Bewußtsein Singular oder Plural sei. Er zog den Schluß, daß von außen gesehen es den Anschein habe, als ob es Geist in großer Zahl geben würde, daß es aber in Wirklichkeit nur einen gibt.(26)

Schrödinger war von der Vedanta Philosophie beeinflußt gewesen. Er war sehr interessiert an dem, was er „das arithmetische Paradoxon" des Geistes nannte. Wie wir gesehen hatten, ist die Trennung von Einem und Vielen eine Messung, die durch unsere Wahrnehmung erfolgt. Solange wir Gefangene dieser Trennung sind, sind wir auch Gefangene des arithmetischen Paradoxon. Wir können erst davon frei werden, wenn wir das „Inter-sein" und die „Inter-Durchdringung"von allem verstehen. Die Wirklichkeit ist weder Eines noch Viele.

Die Vijñanavadins beschrieb „vollständige Einheit von Geist und Objekt" als „Spiegel, in welchem alle Objekte widergespiegelt werden". Ohne Erscheinungen kann es keine Widerspiegelungen geben, und ohne Widerspiegelungen gibt es keinen Spiegel. Das Bild, das benützt wird, um den Geist zu beschreiben ist „ein großer, runder Spiegel, der nichts annehmen und nicht verbergen kann". Man sagt, daß alle Erscheinungen in einem „Speicher" (*alaya*) gelagert sind. Der Inhalt und der Eigentümer (Subjekt des Wissens) in diesem Depot sind Eines. Nach den Lehren der Vijnana-vadins enthält *alaya* den Samen *(bija)* aller materieller, physiologischer und psychologischer Erscheinungen. Gleichzeitig dient es als der Grund, aus dem Subjekte und Objekte des Wissens hervorkommen.

Alaya ist nicht vom Raum eingeschränkt, noch begrenzt von der Zeit. In Wirklichkeit kommen Raum und Zeit sogar aus *alaya* hervor.(27)

Mißlich für die Vijñanavada Lehre ist es, den Gegenstand der Wahrnehmung zu verstehen. Es gibt drei Arten: reine Objekte oder Realität an sich (*svabhava*), Vorstellungen oder vorgefaßte sichtbare Objekte (*samanya-laksana*), und reine Bilder oder begriffliche Objekte, welche in dem Gedächtnis verbleiben und welche in dem Geist wiedererscheinen, wenn die richtigen Umstände gegeben sind.

Manyana und Vijñapti

Aus dem *alaya* kommen zwei Arten von Bewußtsein hervor, *manyana* und *vijñapti*. *Vijñapti* verursacht das Erscheinen aller Gefühle, Wahrnehmungen, Vorstellungen und Gedanken. Es stützt sich auf die Sinnesorgane, das Nervensystem und das Gehirn. Das Objekt von *vijñapti* ist die Wirklichkeit an sich selbst (*svabhava*) und ist nur möglich, wenn Gefühle und Wahrnehmungen rein sind und unmittelbar.

Durch den Schleier der Begriffsbildung gesehen, kann dasselbe Objekt nur das Abbild der Wirklichkeit sein (*samanya laksana*), oder ein reines Bild wie ein Traum im Schlaf oder ein Tagtraum. Obgleich das Objekt einer reinen Sinneswahrnehmung die Wirklichkeit an sich ist, wird diese Wirklichkeit schon verzerrt, wenn sie über Vorstellungen und Gedanken empfangen wird. Wirklichkeit an sich ist ein Strom des Lebens, der immer in

Bewegung ist. Bilder der Wirklichkeit, die von Vorstellungen gebildet sind, sind feste Strukturen, ausgedrückt nach den Vorstellungen von Raum-Zeit, Geburt-Tod, Entstehung-Vernichtung, Existenz-Nichtexistenz, eins-viele.

Manyana ist eine Art von unmittelbarer Erfahrung, das Gefühl dafür, daß es ein getrenntes Selbst gibt, das unabhängig vom Rest der Welt existieren kann. Diese Intuition wird hervorgerufen durch Gewohnheit und Unwissenheit. Ihr unwirkliches Wesen wurde aufgebaut durch vijñapti und wurde umgekehrt ihrerseits Basis für vijñapti. Der Gegenstand dieser Intuition ist ein entstelltes Fragment von alaya, welches es als ein Selbst ansieht, bestehend aus einem Körper und einer Seele. Es ist natürlich niemals selbst Realität, sondern nur ein Abbild der Realität. In seiner Rolle als Selbst ebenso wie als Bewußtsein des Selbst wird manyana angesehen als das Grundhindernis, um zur Wirklichkeit hindurchzudringen. Kontemplation, die von vijñapti getragen ist, kann die falsche Wahrnehmung, welche durch manyana bedingt wurde, beseitigen.

Innerhalb von vijñapti gibt es sechs Arten von Bewußtsein: das Bewußtsein des Sehens, des Hörens, des Riechens, des Schmeckens, der Tastempfindung und das des Denkens. Das Geist-Bewußtsein (manovijñana) hat das breiteste Aktivitätsfeld. Es kann aktiv sein in Verbindung mit den anderen Sinnen, zum Beispiel mit dem Gewahrsein des Sehens. Es kann aber auch in sich selbst tätig sein, wie beispielsweise in der Bildung von Vorstellungen, im Über-legen und im Träumen. Im Anschluß an die fünf Bewußtseinsarten der Sinne wird das Geist-Bewußtsein das sechste Bewußtsein genannt. Manyana (oder manas) und alaya sind das siebte und achte Bewußtsein.

Wie schon erwähnt, ist nur im Falle reiner Sinne das Objekt des Bewußtseins die Wirklichkeit in sich selbst. Die Sinne haben nur relativen Wert, um zur Wirklichkeit hindurchzudringen. Obwohl der Inhalt jeder Sinnesempfindung die Wirklichkeit an sich ist, ist aus diesem Grunde das, was empfunden wird, niemals die Wirklichkeit in ihrer Vollständigkeit. Die Wissenschaft hat beispielsweise gezeigt, daß das menschliche Auge nur einen ganz kleinen Teil des elektromagnetischen Spektrums wahrnehmen kann. Die Ausstrahlung von Radium und die kosmische Strahlung gehören zuden vielen elektromagnetischen Wellen, die eine zu hohe Frequenz haben, um von uns wahrgenommen werden zu können. Wir können Radiowellen nicht sehen. Wenn wir Licht sehen und Töne hören, dann nehmen wir nur Wellen innerhalb bestimmter Frequenzen wahr. Infrarotstrahlen sind für uns unsichtbar. Weil Röntgenstrahlen kürzere Wellenlängen haben, als sichtbares Licht, können wir auch sie nicht sehen. Alles im Universum würde vollständig anders aussehen, wenn wir Röntgenstrahlen sehen könnten! Auch die hohen Tonhöhen, für welche die Ohren von Hunden und die anderer Tiere empfindlich sind, können wir nicht hören. Viele Tiere auf der Erde können wesentlich mehr von der Wirklichkeit wahrnehmen als wirMenschen.

Die vollkommene letzte Wirklichkeit des Universums kann deshalb nur mit Augen großer Einsicht beobachtet werden, aber diese Augen können sich nur öffnen, wenn die Vorstellungen, welche manyana und Anhaften an falsche Ansichten bilden, ausgemerzt sind. Nur dann kann das alaya sich selbst offenbaren als großer, vollkommener Spiegel, der das ganze Universum widerspiegelt.

Wenn wir fragen würden: „Hat jeder oder jede sein bzw. ihr eigenes alaya, oder haben wir alle ein gemeinsames alaya?", dann würde dies zeigen, daß wir noch nicht das wirkliche Wesen von „Inter-Sein" und „Inter-Durchdringung" verstanden haben.

Wir sind immer noch verwirrt von dem, was Schrödinger das „arithmetische Paradoxon"genannt hatte. Wir können dann fragen: Wenn nicht jeder von uns ein eigenes alaya hat, warum haben wir dann getrennte, individuelle Erinnerungen?

Können wir sagen, daß das eine Kind seinen Unterrichtsstoff lernt, und daß ein anderes ihn einfach auswendig weiß. Wellen brechen an der Oberfläche des Wassers, und obwohl sie nicht getrennt vom Wasser existieren können, haben sie ihre eigene Form und ihren eigenen Platz. Viele Flüsse mögen in einen Strom fließen, aber mit dem Strom sind sie alle eins. Auf der Oberfläche des Meeres der Erscheinungen sehen wir viele Wellen funkeln, doch jede Welle, die entsteht, jede, die vergeht, ist abhängig von allen anderen Wellen. Die Erinnerungen eines jeden von uns sind nicht nur unsere eigenen persönlichen Schätze. Sie sind lebendige Realitäten, die in Verbindung stehen mit allen anderen lebendigen Wirklichkeiten. Sie unterliegen unaufhörlichen Umbildungen, genau wie unsere Körper. Jedes Ding ist Wirklichkeit, aber Wirklichkeit ist nicht das Subjekt von Ideen von „eines" oder „viele".

Laß die Sonne des Bewußtseins auf das Dharmakaya strahlen

Diese Lehren der Vijñanavada-Richtung sind uns gegeben, um unserer Meditationspraxis Hilfe zu geben, nicht als Beschreibung von Wirklichkeit. Wir sollten nicht vergessen, daß die Phänomene, die wir das sechste und siebte Bewußtsein nennen, Realität-in-sich-selbst, Darstellungen der Wirklichkeit, nicht unabhängig voneinander oder von Raum-Zeit existieren. Die Darstellung eines Objektes, das im Traum erscheint, ist auch eine lebendige Realität, in welcher das ganze Universum gegenwärtig ist. Wir denken oft, daß das Bild einer Fee in einem Traum keine Wirklichkeit hat, weil es einer materiellen Basis entbehrt, aber wie steht es mit den Bildern auf unseren TV-Empfängern? Sind sie wirklich? Können wir ihre Substanz ergreifen oder ihre materielle Basis finden? Dennoch, sie sind wirklich. Das gesamte Universum ist in ihnen gegenwärtig. Die Gegenwart einer Illusion bezieht alles im Universum in sich ein. Die Illusion kann nur existieren, weil alles andere existiert. Ihre Existenz hat das gleiche wunderbare Wesen wie ein Partikel. In der modernen Wissenschaft wird ein Partikel nicht mehr als fest oder konkret definiert angesehen.

Wenn das sechste *vijñana*, das Geist-Bewußtsein, in tiefer Konzentration verbleibt, dann erschafft es keine sinnestäuschenden Objekte. Zu solchen Zeiten ist eine lebendige und direkte Erfahrung letzter Wirklichkeit möglich. Bewußt sein bedeutet immer, sich eines Etwas bewußt zu sein. Wir sollten deshalb nicht meinen, daß wir unser Bewußtsein in einen „reinen" Zustand bringen könnten, wo es keine Objekte gibt. Ein Bewußtsein ohne einen Gegenstand ist ein Bewußtsein, das nicht manifestiert ist. Es ist in *alaya* verborgen, ebenso, wie eine Welle in ruhigem Wasser verborgen ist. Es gibt einen Zustand von Konzentration, der durch Meditation erreicht werden kann, genannt „Konzentration ohne Wahrnehmung", in welchem das Bewußtsein nicht mehr aktiv ist. Auch im traumlosen Schlaf verbleibt das Bewußtsein in diesem verborgenen Zustand, im alaya.

Während der Meditation richten wir unsere ganze Aufmerksamkeit auf ein Objekt, und Konzentration kann entstehen. Diese Meditation ist nicht passiv oder gefühllos; in Wirklichkeit müssen wir dabei sogar sehr beweglich sein. Wir erhalten die Konzentration auf den Gegenstand, welches der Geist selber ist, aufrecht, ebenso, wie die Sonne fortfährt auf einen frischgefallenen Schnee oder auf den Pflanzenwuchs zu scheinen. Wir können auch unser Atmen mit unserer Aufmerksamkeit auf den Gegenstand synchronisieren, und dies kann unsere Konzentration verbessern.

Wenn wir ein Blumenblatt als das Objekt unserer Konzentration verwenden, dann können wir durch das Blumenblatt die vollkommene Einheit von Geist und Universum sehen. Wenn wir über die Gegenwart der Sonne in unserem Körper meditieren, dann können wir erfahren, daß Dharmakaya keinen Anfang und kein Ende hat. Meditieren über „Inter-Sein" und „Inter-Durchdringung" der Wirklichkeit ist ein Mittel, Vorstellungen zu zerstören, und indem wir solche Mittel benützen, können wir gleichzeitig in Geist und Körper zu einer unmittelbaren Erfahrung der letzten Wirklichkeit gelangen. In der Vijñana-vada-Richtung wird dies *vijñaptimatrata* genannt.

Von gegenseitiger Abhängigkeit (Paratantra) zu vollkommener Wirklichkeit (Nispañña)

Die Praxis der Meditation über das dreigegliederte Wesen der Dinge (*tri-svabhava*) ist ähnlich der Meditation über den Grundsatz von multi-inter-Ursprung. In beiden Fällen beginnen wir, indem wir über die gegenseitig abhängige Beziehung aller Dinge (*paratantra*) meditieren, um zu begreifen, daß das Bild von der Wirklichkeit, das wir in unserem Geist haben, täuschend ist, weil es innerhalb des Systems von Geburt/Tod, eins/viele, Raum/Zeit, und anderen Vorstellungen aufgebaut ist, d.h., auf einer Täuschung beruht. Wenn wir tief in die Wirklichkeit unter dem Aspekt von gegenseitiger Abhängigkeit hineinsehen, befreien wir uns allmählich aus dem Netz des Anhaftens an ein „Ich-selbst" als ein getrenntes Selbst und alle dharmas als getrennte „Selbst-Wesen". Selbst wenn im *alaya* immer noch viele tiefe Wurzeln der Täuschung (*anusaya*) existieren, können sie ausgerissen und zerstört werden, und zu jedem Augenblick vollkommene Befreiung erreicht werden, die im Lichte der „Inter-Abhängigkeit" voll gelebt wird. So, wie das Floß, wenn wir das andere Ufer erreicht haben, nicht mehr benötigt wird, brauchen wir das Konzept der „Inter-Abhängigkeit" nicht, wenn wir im gegenwärtigen Augenblick und in Harmonie mit allen Wesen leben. Wir können friedlich im echten Wesen des Bewußtseins verweilen. Dies nennt man letzte Wirklichkeit. Es ist die Welt der Soheit (*tathagata*), die Welt vollkommener Einheit von Geist und Objekt.

Es ist nicht notwendig, daß wir die Welt der Soheit erreichen, da Soheit zu allen Zeiten greifbar *ist*. Die *Avatamsaka Sutra* nennt es den „Dharma Bereich der Wahrheit", die Welt echten Wesens. Die Welt der Berge und Flüsse, Pflanzen und Tiere, wo alle Dinge ihren eigenen Platz zu haben scheinen, nennt man den „Dharma- Bereich der Phänomene". Aber diese beiden Welten sind nicht getrennt. Sie sind eines, ebenso, wie Wasser und Wellen. Aus diesem Grund nimmt man auf sie auch Bezug als „Dharma- Bereich der unbehinderten gegenseitigen Durchdringung von Wahrheit und Erscheinung". Gegenseitige Durchdringung in dieser Welt der Erscheinungen, wo eine Erscheinung so viel ist wie alle Erscheinungen und wo alle so viel sind, wie eine, nennt man „Dharma-Bereich der unbehinderten gegenseitigen Durchdringung aller Erscheinungen". Diese nennt man die Vier Dharma-Bereiche, die wiederholt in der *Avatamsaka Sutra* erwähnt werden. Der Zen-Meister Fa Cang der Tang Dynastie Chinas, einer der großen Gelehrten auf diesem Gebiet, schrieb einen Text, der die Methoden der Meditation beschreibt, die uns helfen kann, falsche Ansichten zu vernichten und zurückzukehren zu der Quelle vor ihrer Entstehung, was bedeutet, eine klare, vollkommene Anschauung von der Welt der Soheit zu haben. (28)

Der englische Physiker David Bohm hat eine Theorie entwickelt über etwas, was er „die zusammengefaltete Ordnung und die deutlich gemachte Ordnung" nennt, was dem Begriff des Dharma-Bereichs der gegenseitigen Durchdringung aller Erscheinungen sehr nahe kommt. Bohm hat gesagt, daß alle Realitäten, von denen angenommen wird, daß sie unabhängig voneinander existieren, zu der deutlich gemachten Ordnung gehören, einer Ordnung, bei der eine Sache außerhalb einer anderen zu existieren scheint. Wenn wir jedoch tiefer schauen, so ist alles mit allem anderen im Universum verbunden, und wir können in einem Teilchen das gesamte Universum, das in ihm enthalten und das aus ihm entstanden ist, erkennen. Dies bringt uns zu der Welt der zusammengefalteten Ordnung, in welcher „Zeit und Raum nicht mehr entscheiden, ob Dinge voneinander abhängig oder unabhängig sind". Nach Bohm muß die Wissenschaft der Gegenwart von der Ganzheit der zusammengefalteten Ordnung ausgehen,um das wirkliche Wesen jeder Erscheinung erkennen zu können.Bei einer Tagung in Cordoba sagte er: „Das Elektron ist immer das Ganze". (29)

Diese Ansicht ist sehr ähnlich dem „Eines in Allen" der *Avatamsaka Sutra* . Wenn Bohm bereit ist, in seiner Forschung noch weiter zu gehen und Meditation zu praktizieren, was sowohl Geist wie Körper einbezieht, dann könnte er sehr wohl zu einigen unerwarteten Ergebnissen gelangen und einen größeren Durchbruch in der Physik verursachen.

5. Kapitel

Blicke genau auf deine Hand

Glück entsteht aus dem Gewahrsein des Seins

Der Himmel war klar und es war schön warm an diesem Morgen. Die kleine Thuy ging zur Schule, nachdem sie vom Reis gegessen hatte, den ich für sie gemacht hatte.Ich ging in den Garten, um etwas Kopfsalat zu versetzen. Als ich ins Haus zurückkam, um meine Hände zu waschen, sah ich, daß mein Gast schon aufgewacht war und sich sein Gesicht wusch. Ich stellte Wasser zum Kochen auf und machte einen Topf Tee. Dann saß ich im Hofraum, auf dem Tisch zwei Tassen, und wartete, bis er herauskam.

Wir tranken Tee in dem warmen Sonnenschein. Mein Freund fragte mich, wie man die Ergebnisse der Meditationspraxis feststellen könne, und ich erwiderte ihm, daß Friede und Glück die Hinweise sind, um die Frucht der Praxis zu ermessen. Wenn wir dabei nicht ruhiger und glücklicher werden, dann ist etwas mit unserer Praxis nicht in Ordnung.

Manchmal sagen die Leute, daß Meditation ohne einen Lehrer Verwirrung und Unausgewogenheit verursachen kann, aber es ist nicht immer möglich, einen weit fortgeschrittenen Lehrer zu finden. Derartige Menschen sind selten, wenn es auch gewöhnlich möglich ist, Lehrer zu finden, die den Weg noch nicht voll erfaßt haben. Wenn es dir nicht möglich ist, mit einem verwirklichten Lehrer zu studieren, dann ist es am vernünftigsten für deine Praxis, dich auf deinen Lehrer in dir selbst zu verlassen.

Geh langsam und sorgfältig vorwärts. Es ist beispielsweise nicht nötig, die Vier Formlosen Meditationen zu praktizieren. Zwinge deinen Körper oder deinen Geist niemals zu etwas. Sei freundlich zu dir selbst. Lebe dein tägliches Leben in Einfachheit und mit Bewußtsein. Wenn du achtsam bist, dann hast du alles; dann bist du alles! Bitte lies in dem Buch *Das Wunder der Achtsamkeit*. Es ist voll von praktischen Vorschlägen für die Praxis. Lies die Abschnitte über die Vier Dharma-Bereiche, die Acht Bewußtsein und die Drei Wesen. Bücher mit praktischen Vorschlägen zu lesen ist nicht nur unmittelbar vor dem Praktizieren der Meditation im Sitzen hilfreich, sondern zu allen Zeiten. Eine Minute Meditation ist eine Minute Frieden und Glück. Wenn Meditation für dich nicht angenehm ist, dann praktizierst du nicht richtig.

Meditation bringt Glück. Dieses Glück kommt vor allem aus dem Umstand, daß du Herr deiner selbst bist, nicht länger gefangen in Vergeßlichkeit. Wenn du deinem Atmen folgst und einem Halblächeln erlaubst aufzublühen, in Achtsamkeit auf deine Gefühle und Gedanken, dann werden die Bewegungen deines Körpers von selbst sanfter und entspannter werden, es wird Harmonie da sein und echtes Glücksgefühl entstehen. Unseren Geist in jedem Augenblick gegenwärtig zu halten, das ist die Grundlage der Praxis der Meditation.

Wenn uns dies gelingt, dann leben wir unser Leben ganz und tief und sehen Dinge, die andere in ihrer Vergeßlichkeit nicht wahrnehmen.

Günstige Voraussetzungen schaffen für ein Leben in Achtsamkeit

In dem Buch „Das Wunder der Achtsamkeit" brachte ich mehr als dreißig Achtsamkeitsübungen in Vorschlag, einschließlich der Anregung, wie man jede Woche einen Tag der Achtsamkeit einrichten könnte. Wenn du das Buch liest, dann wirst du klare Anweisungen finden. Das Buch wurde in 35 Sprachen übersetzt. Es ist ein kleines Buch, aber sehr praktisch und leicht zu lesen. Tatsächlich folge ich diesen Anweisungen selbst auch noch. Man kann es oft lesen, denn jedesmal, wenn du es liest, wirst du Gelegenheit haben, deine eigene Praxis zu prüfen und aus deiner eigenen Erfahrung Dinge zu entdecken, die nicht im Buch stehen. Mehr als zehn Jahre sind vergangen, seit es veröffentlicht wurde, und immer noch erhalte ich viele Briefe von Lesern aus der ganzen Welt, die ihre Dankbarkeit zum Ausdruck bringen und erzählen, wie dieses Buch große Veränderungen in ihrem Leben zur Folge hatte. Ein Arzt in New York berichtete mir, daß er immer Achtsamkeit aufrechterhält, während er Operationen durchführt. (Ich denke mir, daß dieser Arzt niemals seine chirurgischen Instrumente im Körper seiner Patienten liegen lassen wird.)

In den ersten paar Monaten deiner Praxis mag es an der Kontinuität fehlen, denn es ist natürlich, daß man manchmal vergißt, Achtsamkeit zu üben. Aber du kannst immer wieder anfangen. Wenn du einen praktizierenden Freund hast, dann bist du gut dran. Freunde, die zusammen praktizieren, erinnern einander oft gegenseitig daran, Achtsamkeit zu üben, und sie können an ihren Erfahrungen und ihren Fortschritten gegenseitig teilhaben. Achtsamkeit kann mit vielen verschiedenen Mitteln in dir gefördert werden. Ein Herbstblatt, das du in deinem Hof aufhebst, kann, an deinen Badezimmerspiegel geheftet, jeden Morgen, wenn du es erblickst, dich daran erinnern, zu lächeln und zur Achtsamkeit zurückzukehren. Während du dir dein Gesicht wäschst und die Zähne putzt, wirst du entspannt sein und in Gewahrsam. Ein Glockenschlag von der nahegelegenen Kirche oder sogar das Telefon können dich zurück zur Achtsamkeit bringen. Ich rate dir, das Telefon zwei oder dreimal läuten zu lassen, bevor du abhebst, während du indessen ein- und ausatmest und dir Zeit nimmst, zu deinem wahren Selbst zurückzukehren.

Meine Geliebte, wer bist du?

Wenn du irgendwann einen Gegenstand für deine Meditation brauchst, so wähle einen, an dem dir liegt, einen, den du sehr interessant findest, sodaß er deine Achtsamkeit beherrscht. Es kann die Sonne sein, eine Raupe, ein Tautropfen, Zeit, dein Gesicht und deine Augen, bevor du geboren warst. Jede Erscheinung, konkret oder abstrakt, physisch, physiologisch, psychologisch oder metaphysisch kann Gegenstand deiner Meditation sein. Nachdem du einen Gegenstand ausgewählt hast, pflanze ihn in die Tiefen deines spirituellen Lebens. Ein Ei muß von seiner Mutterhenne ausgebrütet werden, damit es zum kleinen Kücken werden kann. In gleicher Weise muß der Gegenstand, den du einpflanzst, genährt werden. Dein „Selbst" oder das „Selbst" des Menschen, den du am meisten liebst, oder das „Selbst" der Person, die du am meisten haßt, kann der Gegenstand deiner Praxis sein. Jeder Gegenstand kann das Erwachen herbeiführen, wenn er tief in den Grund deines Seins gepflanzt wird. Doch wenn er nur deinem Intellekt anvertraut bleibt, dann wird er kaum Ergebnisse bringen.

Hast du meditiert über den Gegenstand: „Wer bin ich?" Wer du warst, bevor du geboren wurdest? Existiertest du zu der Zeit, als es noch nicht die geringste Spur deiner physischen Existenz gab, oder nicht? Wie kannst du aus nichts etwas werden? Wenn an dem Tag, als ich gezeugt wurde, meine Eltern andere Verabredungen gehabt hätten und sich nicht hätten sehen können, wer würde ich dann jetzt sein? Wenn an jenem Tag in die Eizelle meiner Mutter nicht dieses Sperma meines Vaters eingedrungen wäre, sondern ein anderes Sperma von ihm, wer wäre ich dann jetzt? Wäre ich dann ein Bruder oder eine Schwester von mir? Wenn an jenem Tag meine Mutter nicht meinen Vater geheiratet hätte, oder mein Vater nicht meine Mutter geheiratet hätte, sondern jemand anderen, wer wäre ich dann jetzt?

Jede gesunde Zelle in deinem Körper kontrolliert ihre eigene Aktivität, aber heißt dies, daß jede Zelle ihr eigenes Selbst hat? In dem biologischen Klassifikationssystem bilden Spezies die kleineren Unter-Gruppierungen von einer Gattung. Stellt jede Spezies ein „Selbst" dar? Wenn derartige Fragen aus tiefster Überzeugung und Intelligenz gefragt werden, und wenn du sie tief in dein spirituelles Leben einpflanzst mit deinem ganzen

Sein, dann wird sich eines Tages eine unerwartete Entdeckung zeigen.

Hast du jemals in die Augen deiner Geliebten geblickt und tief gefragt: „Wer bist du, meine Geliebte?" Was immer ihr antworten mögt, ihr könnt von den üblichen Antworten nicht befriedigt werden. „Meine Geliebte, wer bist du, die du zu mir kommst und meine Leiden als deine Leiden annimmt, mein Glück als dein Glück, mein Leben und meinen Tod als dein Leben und deinen Tod? Wer bist du, deren „Selbst" mein „Selbst" geworden ist? Meine Geliebte, warum bist du nicht ein Tautropfen, eine Raupe, ein Vogel, ein Pinienbaum?" Gib dich nicht zufrieden mit nur poetischen Bildern. Du mußt diese Fragen stellen und beantworten mit ganzem Geist und ganzem Herz, mit deinem ganzen Wesen und Sein. Eines Tages wirst du sogar den Menschen, den du am meisten haßt, auf diese Art fragen müssen: „Wer bist du, der du mir so viel Leid bringst, der mich so viel Wut und Haß empfinden läßt? Bist du Teil der Kette von Ursache und Wirkung, das Feuer, das mich auf dem Weg schmiedet?" Mit anderen Worten: „Bist du ich selbst?" Du mußt diese Person werden. Du mußt eins mit ihm oder ihr sein, dir Sorgen machen über das, was ihm oder ihr Sorgen macht, seine oder ihre Leiden erfahren, schätzen, für was er oder sie dankbar ist. Dieser Mensch und du kann nicht „zwei" sein. Dein „Selbst" kann nicht getrennt sein von ihrem Selbst. Du bist dieser Mensch, ebenso wie du deine Liebe bist, und ebenso, wie du du selber bist.

Fahre fort zu praktizieren, bis du dich selbst in dem grausamsten und inhumansten politischen Führer siehst, in dem verheerend gefolterten Gefangenen, in dem reichsten Menschen und in dem verhungernden Kind, das nur noch Haut und Knochen hat. Praktiziere, bis du deine Gegenwart erkennst in jedem anderen im Bus, in der Untergrundbahn, im Konzentrationslager, bei der Arbeit auf dem Acker,in einem Blumenblatt, in einer Raupe,in einem Tautropfen, in einem Sonnenstrahl. Meditiere, bis du dich in einem Fleckchen Staub und in der entlegensten Galaxie siehst.

Maßstab zur Orientierung

In dem du fortfährst zu praktizieren, wird die Blume der Einsicht in dir aufblühen zusammen mit den Blumen des Mitgefühls, der Toleranz, des Glücks und des Loslassens. Du kannst loslassen, weil du es nicht nötig hast, irgend-etwas für dich zu behalten. Du bist nicht länger mehr ein zerbrechliches und kleines „Selbst", das mit allen Mitteln geschützt werden muß. Weil das Glück der anderen auch dein Glück ist, so bist du jetzt erfüllt von Freude, und du hast keine Eifersucht oder Selbstsucht. Frei von der Anhaftung an falsche Ansichten und Vorurteile, bist du erfüllt von Duldsamkeit. Die Türe deines Mitleids ist weit offen und du erduldest die Leiden aller lebenden Wesen. Als Folge davon tust du, was du nur kannst, um diese Leiden zu lindern. Diese vier Tugenden werden „die Vier Unermeßlichen" genannt:

Liebende Güte, Mitgefühl, mitfühlende Freude und nicht Anhaftung. Sie sind die Ergebnisse der Meditation über die Grundwahrheit der „wechselseitigen Abhängigkeit zusammen-entstehender Dinge". Die Entwicklung dieser vier Unermeßlichkeiten in dir zeigt, daß du in der richtigen Richtung vorrückst und auch fähig bist, andere in ihrer Praxis zu beraten.

Wo bist Du jetzt, mein guter Freund? Bist Du draußen auf dem Acker, im Wald, auf dem Berg, in einem Militärlager, in einer Fabrik, an Deinem Schreibtisch, in einem Krankenhaus, im Gefängnis? Laß uns zusammen einatmen und ausatmen, ungeachtet dessen, wo Du bist, und laß die Sonne des Gewahrseins eintreten. Laß uns anfangen mit diesem Atemzug und diesem Gewahrsein. Ob das Leben eine Illusion ist, ein Traum, oder eine wunderbare Realität, hängt von unserer Einsicht und unserer Bewußtheit ab. Aufzuwachen ist ein Wunder. Die Dunkelheit in einem völlig dunklen Raum wird in dem Moment verschwinden, in dem das Licht angeschaltet wird. In gleicher Weise wird sich das Leben selbst als wunderbare Realität offenbaren in der Sekunde, in der die Sonne des Bewußtseins zu scheinen beginnt.

Ich habe einen Freund, der Dichter ist und der in Vietnam in einem abgelegenen Dschungelgebiet in ein Umerziehungslager gesteckt wurde. Während der vier Jahre, die er dort verbrachte, praktizierte er Meditation und war imstande, in Frieden zu leben. Nach der Freilassung hatte er die Verstandesschärfe eines scharfen Schwertes. Er wußte, daß ihm während dieser vier Jahre nichts verloren gegangen war. Im Gegenteil, er wußte, er hatte sich selbst durch Meditation „umerzogen".

Indem ich diese Zeilen schreibe, schreibe ich einen Liebesbrief. Ich hoffe, daß diese Worte von Euch, meine bekannten und unbekannten Brüder und Schwestern gelesen werden, und Ihr Euch an sie erinnert, wenn Ihr unter Verhältnissen lebt, die als hoffnungslos und tragisch angesehen werden und daß Ihr Eure Energien und Euren Mut wieder erneuert.

Wenn ihr Frieden wollt, dann ist Frieden direkt bei euch

Fünfzehn Jahre später schrieb ich vier Chinesische Schriftzeichen auf einen Lampenschirm. Diese vier Schriftzeichen können übersetzt werden als: „Wenn Ihr Frieden wollt, dann ist Frieden direkt bei Euch". Einige Jahre später hatte ich in Singapore Gelegenheit, es mit diesen Worten ernst zu machen.

Einige von uns organisierten einen Aktionssplan, um den indochinesischen Flüchtlingen im Golf von Siam zu helfen. Das Programm wurde genannt: *Mau Chay Ruot Mem* ("Wenn Blut vergossen wird, leiden wir alle"). Zu jener Zeit wußte die Welt nichts von den „boat people" und die Regierungen von Thailand, Malaysia und Singapore erlaubten ihnen nicht, zu landen. Deshalb mieteten wir zwei große Schiffe an, die „Leapdal" und die „Roland", um Flüchtlinge auf offener See aufzunehmen und zwei kleine Schiffe, die „Saigon 200" und die „Blackmark", um zwischen ihnen die Verbindung herzustellen und Nahrungsmittel und Nachschub zu transportieren. Wir hatten vor, die beiden großen Schiffe mit Flüchtlingen zu füllen, und sie nach Australien und Guam zu bringen. Wir mußten unsere Arbeit heimlich tun, weil die Situation der boat people so besonders war, daß zu jener Zeit die meisten Regierungen der Welt das nicht zugeben wollten, und wir wußten, daß sie uns Schwierigkeiten bereiten würden, wenn sie es herausfänden.

Nachdem nahezu 800 Flüchtlinge von kleinen Schiffen auf See gerettet werden konnten, entdeckte unglücklicherweise die Regierung von Singapore unser Programm. Eines Morgens um 2 Uhr wurde die Polizei von

Singapore beauftragt, das Haus, in dem ich wohnte, zu umstellen. Ein Beamter versperrte die Vorderseite, ein anderer die Hinterseite, während vier andere hereinstürmten und meine Reisedokumente beschlagnahmten. Sie wiesen mich an, das Land innerhalb von 24 Stunden zu verlassen.

Mit 800 Leuten an Bord unserer zwei großen Schiffe mußten wir einen Weg finden, sicher nach Australien oder Guam zu fahren. Der „Saigon 200" und der „Blackmark" war es nicht gestattet, den Hafen zu verlassen, um Nahrungsmittel und Wasser den Flüchtlingen auf der „Leapdal" und der „Roland" zu bringen. Die „Roland" hatte genug Treibstoff, um Australien zu erreichen, wenn wir ihnen nur Verpflegung bringen konnten. Dann brach das Triebwerk zusammen. Der Tag war sehr stürmisch und die See ziemlich aufgewühlt, und wir sorgten uns um die Sicherheit des Schiffes, als wir eben von der Küste abtrieben, doch die Regierung von Malaysia wollte uns nicht erlauben, in die Gewässer von Malaysia zu fahren. Ich versuchte die Erlaubnis zu erhalten, bei einem benachbarten Land einzufahren, um die Rettungsaktion weiterzuführen, doch die Regierungen von Thailand, Malaysia und Indonesien wollten mir kein Eintrittsvisum erteilen. Obwohl ich an Land war, fühlte ich mich auf See treiben, und mein Leben war eins mit den Leben der 800 Flüchtlinge an Bord.

In dieser Situation entschloß ich mich mit dem Meditationsthema „Wenn du Frieden willst, dann ist der Frieden direkt bei dir" zu praktizieren, und ich war erstaunt, mich selbst ganz ruhig zu finden, ohne Angst und Beunruhigung über irgendetwas. Ich war nicht einfach sorglos - es war dies wirklich ein friedlicher Zustand des Geistes. Und in diesem Geisteszustand war es mir möglich, mit der schwierigen Situation fertig zu werden. Solange ich lebe, werde ich niemals diese Sekunden vergessen, in denen ich in Meditation saß, diese Atemzüge, diese bewußten Schritte während dieses 24 Stunden-Zeitraums.

Es gab mehr Schwierigkeiten, als in nur 24 Stunden zu lösen möglich schien.Viele von uns beklagen sich, daß es im ganzen Leben nicht genug Zeit gibt. Wie war es möglich, in nur 24 Stunden so viel zu tun? Der Erfolg kam, als ich dem Problem direkt in die Augen sah. Ich schwor, wenn ich in diesem Augenblick nicht Frieden haben könnte, so würde ich nie mehr in der Lage sein, Frieden zu haben. Wenn ich nicht inmitten von Gefahr friedvoll sein könnte, dann würde die Art von Frieden, die ich zu einfacheren Zeiten haben würde, nichts bedeuten. Ohne Frieden inmitten von Schwierigkeiten zu finden, würde ich niemals rechten Frieden kennen. Diesen Inhalt praktizierend: „Wenn du Frieden willst, so ist Frieden direkt bei dir", war es mir möglich, viele Probleme zu lösen, eines nach dem anderen, denn das war es, was nötig war.

Wirkung folgt der Ursache schneller als ein Blitzschlag

Frieden kann nur im gegenwärtigen Augenblick existieren. Es ist lächerlich, zu sagen: „Warte bis ich dies beendet habe, dann wird es mir frei stehen, in Frieden zu leben". Was ist „dies"? Ein Diplom, eine Arbeit, ein Haus, die Bezahlung einer Schuld? Wenn du so denkst, kommt Friede nie. Immer gibt es ein anderes „dies", das dem gegenwärtigen folgen wird. Wenn du in diesem Augenblick nicht in Frieden lebst, dann wirst du niemals dazu fähig sein. Wenn du ehrlich in Frieden zu leben wünschst, dann mußt du gerade jetzt im Frieden sein. Sonst gibt es nur „die Hoffnung, daß Frieden irgendwann sein wird".

Mein Freund, der Dichter, wartete, um in Frieden zu leben, nicht auf seine Entlassung vom Umerziehungslager. Er wußte nicht, daß er nur vier Jahre dort sein würde. (Viele bleiben sechs Jahre oder länger.) Er praktizierte Meditation über ein Thema ähnlich dem: „Wenn du Frieden willst, dann ist Frieden direkt bei dir". Wir müssen hinsitzen und eine Methode der Praxis finden, die für uns arbeitet, sodaß wir in Frieden und Glück leben können. Friede kommt nicht nur nach vielen langen Tagen der Praxis. Was das allerwichtigste ist, ist dein Wunsch, deine Entschlossenheit. Wenn deine Entschlossenheit stark ist, dann wird die Wirkung der Ursache schneller folgen als ein Blitzschlag. Du kannst Frieden fördern durch dein Atmen, dein Schreiten, dein Lächeln, durch Sehen, Hören oder Fühlen, bis du eins mit dem Frieden bist.

Alles hängt von deinem Frieden ab

Wenn die Erde dein Körper wäre, dann könntest du die vielen Gebiete spüren, wo sie leidet. Krieg, Unterdrückung und Hunger üben Zerstörung aus an so vielen Orten! Viele Kinder sind blind geworden infolge Fehlernährung. Ihre Hände suchen durch Berge von Abfall nach Dingen, die sie verkaufen können für ein bißchen Essen. Viele Erwachsene sterben langsam und hoffnungslos in Gefängnissen. Andere werden für ihren

Versuch, der Gewalt zu widerstehen, getötet. Wir haben genug Kernwaffen, um Dutzende Planeten wie die Erde zu zerstören, aber wir fahren fort, weitere zu produzieren.

Wenn uns dies alles bewußt ist, wie können wir uns dann in einen Wald zurückziehen, oder auch nur in unsere eigenen Räume, um in Meditation zu sitzen? Der Friede, den wir suchen, kann nicht unser persönlicher Besitz sein. Es ist nötig, daß wir einen inneren Frieden finden, der es uns möglich macht, eins zu werden mit denen, die leiden, und etwas zu tun, um unseren Brüdern und Schwestern zu helfen, was darauf hinausläuft, uns selbst. Ich kenne viele junge Menschen, die sich der tatsächlichen Situation der Welt bewußt sind und die erfüllt sind von Mitgefühl. Sie lehnen es ab, sich in künstlichem Frieden zu verstecken, und sie befassen sich mit der Welt, um die Gesellschaft zu ändern. Sie wissen, was sie wollen, jedoch nach einer Weile des Beschäftigtseins werden sie mutlos. Warum? Deshalb, weil ihnen der tiefe, innere Friede fehlt, die Art von Friede, den sie mit sich nehmen können in ihr aktives Leben. Unsere Stärke beruht nicht auf Waffen, Geld oder Macht. Unsere Stärke liegt in unserem Frieden, dem Frieden in uns. Dieser Frieden macht uns unzerstörbar. Wir müssen Frieden haben, während wir uns um die kümmern, die wir lieben und um die, welche wir schützen wollen.

Ich habe diesen Frieden in vielen, vielen Menschen beobachtet. Das meiste von ihrer Zeit und ihrer Bemühungen wird eingesetzt um die Schwachen zu schützen, überall die Bäume der Liebe und des Einfühlungsvermögens zu bewässern. Sie gehören verschiedenen Religionen und kulturellen Milieus an. Ich weiß nicht, wie jeder einzelne zu seinem inneren Frieden gelangte, aber ich habe ihn in ihnen gesehen. Wenn du aufmerksam bist, dann wirst du, davon bin ich überzeugt, das auch sehen. Dieser Friede ist nicht eine Barrikade, welche dich von der Welt trennt. Im Gegenteil, diese Art Frieden bringt dich in die Welt und befähigt dich, zu unternehmen, was du willst, um zu versuchen zu helfen: für soziale Gerechtigkeit zu kämpfen, das Mißverhältnis zwischen Armen und Reichen zu vermindern, das Wettrüsten zu stoppen, gegen Diskriminierung zu kämpfen, und mehr Samen des Verstehens, der Versöhnung und des Mitgefühls auszusähen. In jedem Kampf benötigst du Entschlossenheit und Geduld. Diese Entschlossenheit wird sich verflüchtigen, wenn dir Frieden fehlt. Diejenigen, welche ein Leben im sozialen Dienst führen, bedürfen während jedes Augenblicks des täglichen Lebens dabei besonders der Praxis der Achtsamkeit.

Ein Bodhisattva blickt auf alle Wesen mit den Augen des Mitgefühls

Friede und Mitgefühl gehen Hand in Hand mit Verständnis und unterschiedsloser Gerechtigkeit. Wir ziehen eine Sache gegenüber einer anderen vor, wenn wir Unterschiede machen. Mit Augen des Mitgefühls können wir auf all die lebendige Realität in einem sehen. Ein mitfühlender Mensch sieht sich selbst in jedem Wesen. Mit der Fähigkeit, die Wirklichkeit aus vielen Blickwinkeln anzusehen, können wir alle Gesichtspunkte überwinden und in jeder Situation mitfühlend handeln. Dies ist die höchste Bedeutung des Wortes „Versöhnung".

Versöhnung bedeutet nicht, einen Vertrag zu unterzeichnen mit Falschheit und Grausamkeit. Versöhnung tritt allen Formen von Anmaßung und Ehrgeiz entgegen, ohne einseitig Stellung zu nehmen. Die meisten von uns möchten bei jedem Zusammenprall oder Konflikt Stellung beziehen. Wir unterscheiden recht von unrecht aufgrund einseitiger Anhaltspunkte oder Hinweise, die wir direkt oder durch Propaganda oder aufgrund von Gerede gesammelt haben. Wir brauchen Entrüstung, um zu handeln, aber Entrüstung allein ist nicht genug, selbst gerechte, legitime Entrüstung. In unserer Welt fehlt es nicht an Menschen, die bereit sind, sich in Aktionen zu stürzen. Was wir brauchen sind Menschen, die fähig sind zu lieben, fähig, nicht Stellung zu beziehen, sodaß sie die gesamte Wirklichkeit umarmen können, wie eine Mutterhenne alle ihre kleinen Küken umarmt, mit zwei vollständig ausgebreiteten Flügeln.

Die Praxis der Meditation über „inter-abhängiges-Zusammenentstehen" ist eine Art um zu dieser Verwirklichung zu gelangen. Wenn sie erreicht ist, verschwindet unterschiedliche Behandlung, und die Wirklichkeit ist nicht mehr vom Schwert der Vorstellungsbildung zerschnitten. Die Grenzen zwischen Gut und Böse sind ausgelöscht, und Mittel und Ziele werden als dasselbe angesehen. Wir müssen weiterfahren zu praktizieren bis wir den ausgehungerten Körper eines Kindes in Uganda oder Äthiopien als unseren eigenen ansehen, bis Hunger und Leid in den Körpern aller lebenden Wesen uns eigen sind. Dann werden wir nicht-unterschiedliche Behandlung, wirkliche Liebe, verwirklicht haben. Nach der *Lotus Sutra* ist es die Fähigkeit des Bodhisattva Avalokitesvara, mit den Augen des Mitgefühls auf alle lebenden Wesen zu schauen. Wenn wir jemanden treffen, der auf alle Wesen mit den Augen des Mitgefühls blicken kann, dann wissen wir, daß der Bodhisattva Avalokitesvara in ihm gegenwärtig ist. Wenn wir über die erste Edle Wahrheit, die Wahrheit des Leidens, meditieren, dann ist Bodhisattva Avalokitesvara in uns gegenwärtig. Wenn wir den Bodhisattva Avalokitesvara um einen Gefallen bitten, dann ist er da, bevor wir darum bitten.

Blicke in deine Hand , mein Kind

Ich habe einen Freund, der Künstler ist. Er war fast 40 Jahre von zu Hause weg. Er erzählte mir, daß er jedesmal, wenn er seine Mutter vermißt, nur auf seine Hand zu blicken braucht, und schon fühlt er sich besser. Seine Mutter, eine vietnamesische Frau aus der alten Tradition, konnte nur wenige chinesische Schriftzeichen lesen und hatte sich niemals mit westlicher Philosophie oder Wissenschaft beschäftigt. Bevor er Vietnam verließ, nahm sie seine Hand und sagte zu ihm „Immer, wenn du Heimweh hast nach mir, dann blicke in deine Hand, mein Kind. Du wirst mich sofort sehen." Wie scharfsinnig sind doch diese einfachen, echten Worte! Während fast 40 Jahren hatte er viele Male in seine Hand geblickt.

Die Gegenwart seiner Mutter ist nicht nur genetischer Art. Ihr Geist, ihre Hoffnungen und ihr Leben sind ebenfalls in ihm gegenwärtig. Ich weiß, daß mein Freund Meditation praktiziert, doch weiß ich nicht, ob er „Blicke in deine Hand" als Gegenstand seines Koan gewählt hat. Dieses Thema kann ihn in seiner Praxis weit bringen. Von seiner Hand ausgehend kann er tief in die Wirklichkeit anfang-loser und endloser Zeit hineindringen. Er wird fähig zu sehen, daß Tausende von Generationen vor ihm und Tausende Generationen nach ihm alle er selbst sind. Seit unvordenklichen Zeiten bis zum heutigen Augenblick ist sein Leben niemals unterbrochen gewesen, und seine Hand ist immer noch da, eine anfanglose und endlose Wirklichkeit. Er kann sein „wahres Gesicht" erkennen, wie es war vor 500 Millionen Jahre, und wie es in 500 Millionen Jahre sein wird. Er existiert nicht nur in dem evolutionären Baum, der sich entlang der Zeitachse verzweigt, sondern ebenso in dem Netzwerk wechselseitiger Beziehungen. Als Folge davon ist jede Zelle in seinem Körper ebenso frei von Geburt und Tod, wie er selber. In diesem Fall kann der Gegenstand „Blicke in deine Hand" eine größere Wirkung hervorrufen, als der Gegenstand „der Ton einer Hand", wie er von dem Zen-Meister Hakuin vorgeschlagen wurde.

Als meine Nichte im letzten Sommer aus Amerika kam, um mich zu besuchen, gab ich ihr als Zen-Aufgabe, der sie sich hingeben sollte, „Blicke in deine Hand". Ich sagte ihr, daß jeder Kieselstein, jedes Blatt, jede Raupe auf dem Hügel bei der Einsiedelei in ihrer Hand gegenwärtig sei.

Warum weinst du, Schwester?

Vor einigen Jahren verbreitete eine regierungsfreundliche Gruppe in der Stadt Ho Chi Minh ein Gerücht, daß ich an einem Herzanfall gestorben sei. Diese Nachricht hat innerhalb des Landes viel Verwirrung ausgelöst. Eine buddhistische Nonne schrieb mir, daß diese Nachricht in ihrer Gemeinde eintraf, als sie gerade einer Klasse von Novizen Unterricht gab, und die Stimmung in der Klasse war dahin und eine Nonne fiel in Ohnmacht. Ich war wegen meiner Verbundenheit mit der Friedensbewegung seit über 20 Jahren im Exil, und ich kenne diese junge Nonne oder die jetzige Generation der buddhistischen Mönche und Nonnen in Vietnam nicht. Doch Leben und Tod ist nur eine Fiktion, und keine sehr tiefgründige; warum weinst du, Schwester? Du beschäftigst dich mit Buddhismus, machst, was ich mache. Also, wenn du existierst, existiere ich auch. Was nicht existiert, kann nicht zur Existenz kommen, und was existiert, kann nicht aufhören, zu sein.

Hast du das verstanden, Schwester? Wenn es uns nicht möglich ist, ein Teilchen Staub von „Existenz" zu „Nichtexistenz" zu bringen, wie könnten wir es bei einem Menschen schaffen? Auf unserer Erde sind viele Menschen getötet worden, die für Frieden gekämpft haben, oder für Menschenrechte, für Freiheit und soziale Gerechtigkeit, aber niemand kann sie zerstören.

Sie existieren immer noch. Schwester, meinst du wirklich, daß Jesus Christus, Mahatma Gandhi, Lambrakis, Dr. Martin Luther King „tote Leute" sind? Nein, sie sind immer noch da. Wir selbst sind sie. Wir tragen sie in jeder Zelle unseres Körpers. Wenn du jemals wieder so eine Nachricht vernehmen solltest, dann bitte lächle. Dein ehrliches Lächeln wird zeigen, daß du großes Verständnis und großen Mut erreicht hast. Der Buddhismus und die ganze Menschheit erwartet dies von dir.

Einer meiner Freunde, ein Forscher in der Wissenschaft, berät und leitet viele Kandidaten bei ihrer Doktorarbeit. Er möchte alles auf wissenschaftliche Weise machen, aber er ist auch Dichter, und infolgedessen ist er oft nicht sehr „wissenschaftlich". Letzten Winter ging er durch eine ganz schwere spirituelle Krise. Als ich davon hörte, sandte ich ihm eine Zeichnung einer Welle, die sich auf einem seidenweichen Wasser dahinbewegte. Unter die Zeichnung schrieb ich „Wie immer, die Welle lebt das Leben einer Welle und zur gleichen Zeit das Leben des Wassers. Wenn Du atmest, dann atmest Du für alle von uns."

Als ich diesen Satz schrieb, schwamm ich mit ihm, um ihm zu helfen, über die Zeit der Schwierigkeiten hinweg zu kommen, und glücklicherweise half ich uns beiden. Die meisten Menschen sehen sich selbst als Wellen an und vergessen, daß sie auch Wasser sind. Sie sind es gewohnt, in Geburt und Tod zu leben und vergessen das „ohne Geburt" und „ohne Tod". Eine Welle lebt auch das Leben des Wassers, und wir leben auch das Leben des „ohne Geburt, ohne Tod". Wir brauchen nur zu wissen, daß wir das Leben von „ohne Geburt, ohne Tod" leben. Alles liegt an dem Wort „wissen". Wissen bedeutet erkennen. Erkennen ist Achtsamkeit. Alle Arbeit der Meditation ist darauf gerichtet, uns zu erwekken, damit wir eine Sache, und nur diese eine Sache erkennen: Geburt und Tod können uns überhaupt niemals und in keinerlei Weise berühren.

ANMERKUNGEN

1. KAPITEL

Sonnenschein und grüne Blätter

1) „Prajña", aus Thich Nhat Hanh, *Footprints on the Sand* (San Jose: La Boi Press).

2) In der Lehre des Vijñanavada, ist *smrti* begleitet von *samadhi* und *prajña*, während Vergeßlichkeit einhergeht mit Zerstreuung und falschen Ansichten. Zerstreuung und falsche Ansichten sind das Gegenteil von *samadhi* und *prajña*. *Smrti, samadhi* und *prajña* sind drei von den fünf heilsamen,nützlichen geistigen Bildungen. Vergeßlichkeit, Zerstreuung und falsche Ansichten sind drei von den 26 unheilsamen, schädlichen geistigen Bildungen.

3) Fritjof Capra, *The Tao of Physics*: *An Exploration of the Parallels Between Modern Physics and Eastern Mysticism* (Boston: Shambhala New Science Library, Second Edition, 1985). Weiterhin Thomas Cleary, trans., *The Flower Ornament Scripture*: *A Translation of the Avatamsaka Sutra*, 3 volumes (Boston:Shambhala, 1984-87).

4) Vergleiche Dogen, *Moon in a Dewdrop*, ed. by Kazuaki Tanahashi (Berkeley Point, 1985), p.314.

5) Obwohl nach der Kopenhagener Interpretation der Quanten-Theorie Beobachter und Beobachtungsgegenstand nicht getrennt werden können, halten sich die meisten Wissenschaftler nicht an diese Lehre.

6) Vergleiche Nyanaponika Thera, *The Heart of Buddhist Meditation* (New York: Weiser, 1962).

7) „Die Ausdrücke objektiv und subjektiv kennzeichnen nur begrenzte Geschehnisse. Von der Quantenmechanik wissen wir, daß kein vollständig objektives Phänomen existieren kann, das heißt, unabhängig vom Geist des Beobachters. Als Gegenstück dazu stellen alle subjektiven Phänomene einen objektiven Sachverhalt dar". Brian D. Josephson, *Science et Conscience* (Paris: Stock, 1980).

2. KAPITEL

Der Tanz der Bienen

8) K. von Frisch, Tanzsprache und Orientierung der Bienen (Berlin, 1965).

9) Vergleiche David Bohm, *Wholeness and Implicate Order* (London: Routledge & Kegan Paul, 1980), Kapitel 2, „rheomode".

10) Alphonse de Lamartine, *Meditations poetiques* (1820).
11) Alaya, das achte Bewußtsein hat die Funktion des „Erhaltens" des Erhalters, des Objekts, das erhalten wird und des Objekts, das vom 7. Bewußtsein, dem *manyana* als das Selbst aufgefasst wird. *Alaya* hat auch die Funktion, alle Samen (*bija*) zu erhalten, das heisst die

Essenz oder Energie aller Dinge ebenso wie die Funktion des Planens, also des Transformierens und Reifmachens allen Karmas so, daß neue physikalische, psychologische und physiologische Phänomene entstehen. *Manyana* ist ein psychologischer Versuch an einem Teil von *Alaya* als seines Selbst sich anzuklammern. *Amala* ist reines, weißes Bewußtsein - die Bezeichnung von *Alaya* nach seiner Befreiung von *manyana*. All dies ist eingehender in Kapitel IV erklärt.

3. KAPITEL

Das Universum in einem Fleckchen Staub

12) Viele meinen, daß beim Eintreten in die vier Dhyanas und die vier formlosen Zustände das Samadhi in einen Zustand eintreten würde, wo der Geist keinen Gegenstand mehr hat. Aber tatsächlich hat der Geist immer einen Gegenstand - wenn nicht, dann ist es nicht Geist. In den vier formlosen Zuständen ist der Gegenstand des Geistes unbegrenzter Raum, unbegrenztes Bewußtsein, die Abwesenheit von Wahrnehmung und der Zustand von weder wahrnehmen noch nicht-wahrnehmen. Samadhi ist ein Zustand des Geistes, bei welchem die Trennung von Subjekt und Objekt des Bewußtseins nicht mehr länger existiert, das heisst das *nimittabhaga* (Objekt) wird von dem *darsanabhaga* (Subjekt) nicht objektiviert. Beide, Objekt und Subjekt sind Teile des Bewußtseins, sie können nicht getrennt existieren. Sie haben den gleichen Seinsgrund : die *svabhavabhaga* (Selbstnatur des Bewußtseins)

13) Dao Hanh, Dhyana Meister, Ly Dynastie, Ende des

11. Jahrhunderts.

14) Nguyen Cong Tru wurde 1778 in dem Vietnamesischen Dorf Uy Vieu in der Provinz Ha Tinh geboren
und starb 1859.

15) Walt Whitman, „Song of Myself". „Widerspreche
ich mir selbst?/ Also gut, Ich widerspreche mir selbst /
Ich bin groß, Ich enthalte Vielheiten".

16) „Es stellt sich hier im Gegenteil die Frage, die Vorstellung von Partikeln als Netzwerk zusammengehö-
render „inter-verbindungen" an die Grenzen zu treiben.
Die Philosophie des „bootstrap" verwirft nicht nur die
Idee elementarer „Bauklötze" der Materie, sondern
überhaupt alle grundlegenden Dinge jeglicher Art:
Gesetze, Gleichungen oder Grundbestandteile. Das
Universum ist nach ihr ein dynamisches Gewebe gegenseitig voneinander abhängiger Geschehnisse.
Keinem Merkmal eines Teiles davon kommt eine grundlegende Rolle zu; Alles ist das Ergebnis der Merkmale
der anderen Teile, und es ist der globale Zusammenhang
ihrer wechselseitigen Beziehungen, der die Struktur des
gesamtem Gewebes bestimmt." Fritjof Capra, „The Tao
of Physics," in Josephson, ed., Science et Consience
(Paris, 1980), op.cit. Siehe auch: Fritjof Capra, Wende-
zeit, Bausteine für ein neues Weltbild, 1983, Scherz
Verlag.

17) vikalpa

18) David Bohm, „Imagination and the Implicate
Order", in Josephson, op.cit., p 453.

19) Edwin Schrödinger, *My View of the World* (London: Cambridge University Press, 1964),p. 22.

20) Die Ausdrücke endlos (*vo ang*) und unbegrenzt (*vo tan*) sind in einem Anführungszeichen, weil ich sie vorläufig versuchsweise benütze.

21) Diejenigen von Ihnen, welche nicht vertraut sind mit der Relativitätstheorie werden die Bezeichnung „vierdimensionales Kontinuum" nicht verstehen. Schon vor Einstein hatte der deutsche Mathematiker Minkowski gesagt, daß Zeit und Raum getrennt voneinander eingebildete Trugbilder sind; Nur zusammen können sie die Wirklichkeit darstellen. Die Relativitätstheorie sagt, daß alle bewegten Dinge (alle Felsstücke auf der Erde bewegen sich auch zusammen mit der Erde) sich selbst nur in Zeit und Raum vorbringen können zur gleichen Zeit. Wenn beispielsweise ein Flugzeug von Paris startet um nach Neu Delhi zu fliegen, muß die Flugkontrolle am Boden nicht nur die Länge x, die Breite y und die Höhe z wissen, sondern auch die Zeit t um die exakte Position des Flugzeugs während des Fluges zu wissen. Die Zeit ist also die vierte Dimension.
Zeit, Raum, Masse und Bewegung existieren in Wechselwirkung zueinander und je größer die Dichte der Masse ist,desto mehr ist der der diese Masse umgebende Raum gekrümmt. Licht, das von Himmelskörpern ausgesandt wird, wird gekrümmten Linien folgen,wenn es an großen Massen wie der Sonne vorbeifliegt, weil in der Nähe der Sonne der Raum stärker gekrümmt ist. Licht und Energie haben auch Masse, weil Materie und Energie eines sind, entsprechend der berühmten Formel $e=mc^2$, wobei e die Energie ist, m die Masse und c die Lichtgeschwindigkeit. Die Gegenwart von Materie ruft die gekrümmte Natur des Raumes hervor; in der Rela-

tivitätstheorie ist deshalb die absolut gerade Linie der Euklidschen Mathematik nicht mehr möglich.

4. KAPITEL

Das Netz von Geburt und Tod zerreißen

22) Alfred Kastler, Cette étrange matière (Paris: Stock, 1976).

23) Anuradha Sutra, (Samyutta Nikaya, XLIV,2).

24) J. Robert Oppenheimer, Science and the Common Understanding (New York:Simon and Schuster, 1954), p.40.

25) wörtlich: „Der Tod wird, wenn jemand in die Tiefe schaut, ein Held genannt". Vergleiche Isshu Miura und Ruth Sasaki, The Zen Koan (New York: Harcourt, Brace, Jovanovich, 1965).
26) Erwin Schrödinger, What is Life? & Mind and Matter, (London: Cambridge University Press, 1967), pp. 138 ff.

27) In den neuesten Vereinheitlichenden Theorien wird interessanterweise angenommen, daß Superdinge selbst Veranlassung geben für Entstehung von Raum und Zeit.

28) Fa Cang, Wang Jin Hai Yuan Guan („Die Beendigung der Illusionen und die Rückkehr zum eigenen Ursprung"), no. 1876, Revised Chinese Tripitaka.

29) David Bohm, Wholeness and Implicate Order (London: Routledge & Kegan Paul, 1980).

Ganzheitliches Leben

Hanna Johansen
Zurück nach Oraibi
Geschichte einer Hopi-Indianerin
Band 4504

Von der Weisheit und den Mythen eines Volkes, vom Leben, eingebettet in den Rhythmus der Jahreszeiten und in eine feste Gemeinschaft.

Arthur Samuels/Elisabeth Lukan
Im Einklang mit dem inneren Kind
Ein meditativer Weg zu sich selbst
Band 4491

Die Methode der heilenden Meditation mit dem „inneren Kind" kombiniert Transaktionsanalyse mit Erfahrungen buddhistischer Meditationspraxis.

Gelassenwerden
Hrsg. von Rudolf Walter
Band 4443

Gegen jede Hektik: Gelassenwerden und das Ganze sehen.

Tenzin Choedrak
Ganzheitlich leben und heilen
Der Leibarzt des Dalai Lama über Vorbeugen und Therapie von Krankheiten
Band 4263

Die sanfte tibetische Heilkunde: eine echte Alternative zur hochtechnisierten Apparatemedizin.

Klemens Ludwig
Flüstere zu dem Felsen
Die Botschaft der Ureinwohner unserer Erde zur Bewahrung der Schöpfung
Band 4195

Menschen, die nie aufgehört haben, im Einklang mit der Natur zu leben, erheben in diesem Buch eindringlich ihre Stimme.

HERDER / SPEKTRUM

Buddhismus

Thich Nhat Hanh
Zeiten der Achtsamkeit
Band 4492
In der Übung der Achtsamkeit liegt der Weg zum Wesentlichen.

Dalai Lama
Der Friede beginnt in dir
Wie innere Haltung nach außen wirkt
Band 4451
Die moderne Auslegung der wichtigsten Lehren über den Weg zu innerem
und äußerem Frieden. Einer der schönsten Texte des Buddhismus.

Thich Nhat Hanh
Lächle deinem eigenen Herzen zu
Wege zu einem achtsamen Leben
Band 4370
Die einfache, tiefe Botschaft an Menschen, die in der Hektik des Alltags beim
Gehen schon ans Rennen denken.

Geshe Rabten
Das Buch vom heilsamen Leben, vom Tod und der Wiedergeburt
Der Befreiungsweg im tibetischen Buddhismus
Vorwort Dalai Lama
Band 4335
Eine durch Jahrtausende erprobte Art, mit dem Tod umzugehen und die Sicht
des Lebens zum Positiven zu verändern.

Amadeo Solé-Leris
Die Meditation, die der Buddha selber lehrte
Wie man Ruhe und Klarblick gewinnen kann
Band 4316
Der bedeutende westliche Meister erschließt in diesem praktischen Handbuch
dem Meditationsanfänger die älteste Überlieferung buddhistischer Meditation.

HERDER / SPEKTRUM

Dalai Lama
Mitgefühl und Weisheit
Ein großer Mensch im Gespräch mit Felizitas von Schönborn
Band 4288

In diesem Gespräch wird die Botschaft des Dalai Lama – auch zur weltpolitischen und ökologischen Lage – plastisch und begreifbar wie nie zuvor. Das Tor zum tibetischen Buddhismus.

Dalai Lama
Sehnsucht nach dem Wesentlichen
Die Gespräche in Bodhgaya
Band 4229

Menschen aus allen Kulturkreisen haben den Friedensnobelpreisträger aufgesucht und neue Impulse für ihr spirituelles Leben gewonnen.

Daisetz Teitaro Suzuki
Wesen und Sinn des Buddhismus
Ur-Erfahrung und Ur-Wissen
Band 4197

Die Quintessenz des Buddhismus: Grundideen des Zen, seine Spiritualität und Philosophie in überzeugend klarer Darstellung.

Dalai Lama
Einführung in den Buddhismus
Die Harvard-Vorlesungen
Band 4148

Ein faszinierendes Dokument östlicher Geisteskultur, wie es außer dem Friedensnobelpreisträger wohl kaum ein buddhistischer Lehrer hätte verfassen können.

Die Reden des Buddha
Lehre, Verse, Erzählungen
Band 4112

Texte voll denkerischer Tiefe und Poesie – ein Kompendium des Weisheitswissens von unvergleichlicher Aktualität.

HERDER / SPEKTRUM

Weisheitsgeschichten

Anthony de Mello
Warum der Schäfer jedes Wetter liebt
Weisheitsgeschichten
Band 4523

Geschichten voll Weisheit und Humor. Ohne Aufhebens erzählt de Mello vom Wesentlichen im Leben und trifft damit das Herz.

Idries Shah
Lebe das wirkliche Glück
Das große Lesebuch der Sufi-Weisheit
Band 4505

Die Kunst, glücklich zu sein – wunderbare, verblüffende Weisheitstexte. Ausgezeichnet als UNESCO-Buch des Jahres.

Anthony de Mello
Wie ein Fisch im Wasser
Anleitung zum Glücklichsein
Band 4459

Kurze Meditationen über die bedingungslose, reine Liebe, die auch loslassen kann und zu der jeder fähig ist.

Thomas Merton
Sinfonie für einen Seevogel
Weisheitstexte des Tschuang-tse
Aus dem Englischen von Bernardin Schellenberger
Band 4421

Der moderne, weltbekannte Mystiker legt hier eine sehr persönliche Auswahl großer Weisheitstexte des chinesischen Denkers Tschuang-tse vor.

Anthony de Mello
Wer bringt das Pferd zum Fliegen?
Weisheitsgeschichten
Band 4304

Humorvolle, pointierte Geschichten und Aphorismen über große Lebensthemen. Ein Lesevergnügen mit Tiefgang.

HERDER / SPEKTRUM